U0569763

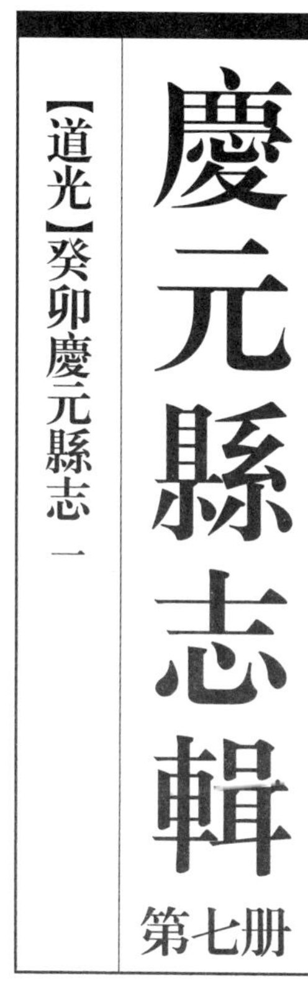

慶元縣志輯

第七册

【道光】癸卯慶元縣志 一

《慶元縣志輯》編委會 編纂

浙江工商大學出版社
ZHEJIANG GONGSHANG UNIVERSITY PRESS
·杭州·

第七册　分目録

【道光】癸卯慶元縣志　首一卷　十二卷

［清］吴綸彰　修　宋　琛　補修　周大成等　纂　清刻本

吴綸彰、周大成事迹見《【道光】壬辰慶元縣志》。

宋琛，字丹崖，直隸（今河北）灤州舉人。道光十九年（一八三九）至道光二十三年（一八四三）任慶元縣知縣，二十四年任平湖縣知縣。具體生卒年月與其他事迹不詳。

是志爲宋琛在前任慶元知縣吴綸彰縣志基礎上補修而成。卷首除吴綸彰《重修縣志總序》、沈鏡源《慶元縣志序》外，增加宋琛《補刻邑志序》，其次依舊爲纂修例言、輿圖、目録、纂修銜名。正文十二卷，包括封域、建置、賦役、學校、禋祀、武備、風土、官師、選舉、人物、雜事、藝文，全書約二十萬字。

是志補修於道光二十三年（一八四三），距吴綸彰修志僅十一年，此時朝廷因軍需派員來取，但吴志綫裝者已無存，且梓板亦遺失近半，宋琛乃延請吕春泉、章朝山任筆削，增加吴志以來在孝悌貞廉義夫節婦等方面的内容，越兩月補修完善成書。

相較於吴綸彰之《慶元縣志》，是志主要變化有：一是排版有變化，壬辰版吴序，半頁五行，行八字，而癸卯版則每頁十八行，行二十一字。二是名稱上有變化或人員增加，縣志纂修銜名中，壬辰版的『捐修』，癸卯版爲『采訪』，且增加一位采訪人員『監生葉之芹』，每卷卷端題名亦自然增加『知慶元縣事宋琛補刻』字樣。三是内容增加，列舉如次：卷一《封域志》增加一處名勝古迹洗耳泉。卷二《建置志》增加内容較多：（一）補遺廟祠橋渡，有隆庵廟、五顯廟、范氏家祠、普渡橋、里地橋、思麻橋，各有説明；（二）補刻橋渡，有繩楓橋、安溪橋、通濟橋、麟趾橋、後興橋、田坑茶亭、高崗亭、練君弼祠、瓠石坑嶺、濟嶺橋、崗根嶺、飛鳳亭，各有説明。卷八《官師志》增加道光二十三年（一八四三）補刻知縣六任（湯金策、史中、張承炳、楊炳奎、宋琛、蔣兆駱）、典史六任、教諭兩任、教導三任。卷九《選舉志》增加老人二十一位，增加道光二十三年補刻明經七位，補刻耆介二十位，皆有簡介。卷十《人物志》補遺善良三人、篤行四人，亦皆有事迹簡介，增加道光二十三年補刻閨操十三人。卷十一《雜事志》增加石壁殿、南隆廟、福安廟，叢記部分增加知縣鄒儒的《西隅周記祠堂記》、知縣湯金策的《補刻東隅重修馬侍郎廟記》等五篇。卷十二《藝文志》增加《補刻宋故吴居士墓志銘》《補刻石壁隘記并七古》《補刻重修馬侍郎廟謹志三十二韵》等多篇，并增加數篇原序文。值得注意的是，癸卯版《藝文志》比壬辰版少一篇補遺《重建無疆堂記》，原因待究。卷三至卷七《賦役志》《學校志》《禋祀志》《武備志》和《風土志》皆依前志而無變化。

是志爲宋琛在吴志基礎上補修後再次刊刻。國家圖書館有藏，今據慶元姚德澤先生提供電子版影印出版。半頁九行，行十九字，上下單邊，左右雙邊，卷端題『知慶元縣事吴綸彰重修，知慶元縣事宋琛補刻』。（李巖）

重修縣志總序

竊維邑之有乘猶國之有史國史所以示褒貶明彰癉炳大道于日新邑乘所以辨淑慝昭勸懲維名教于古今洪纖雖別體例皆同我

國家重熙累葉大化涵濡稽古右文崇儒重道因巳集四庫之大成合三通而美備矣慶元雖僻處山陬而志乘亦上貢 天府以供採擇溯自嘉慶六年春三月鄰前令編輯至今不惟原版漫漶糢糊難于披覽且三千年來方隅之沿革風俗之澆淳人物之孝行節烈有關乎

風化謝于時治者悉日久就湮無以徵信庚寅春予來
治慶下車後百務蝟集尤拳拳于邑志之未及修也壬
辰適奉部文檄徵邑志更覺責無可辭乃召邑諸生與
之謀衆議僉同皆願分任採輯是歲秋予捐廉倡修延
請學正文醇者分類編補兼舉公正廉明者經理其事
復偕詵廣文蓼庵悉心參覈匝閲月而草創始定爰付
剞劂上以備
朝廷之採擇下以資士庶之觀摩亦以俾後之蒞時增輯
者未必無小補云是爲序

道光十二年十一月朔知慶元縣事嶺南吳綸彰識

慶元縣志序

自漢班氏作志後世紀述因之越至宋代有元豐九域志元和郡國志等書已愈賅備我
聖朝命郡邑各設志乘守斯土者非僅以考疆域之廣狹山川之形勝與夫鴻文巨筆垂于簡策者足以供謳吟也蓋如覽形勝以備守禦之要害稽戶口以考政治之得失且忠孝節義時不乏人後將於是觀感焉而物產地宜又因時酌為變通則邑志所關甚鉅慶邑舊志久未修輯版多漫漶　吳邑侯恐其日漸就湮文獻將莫可

考正適奉　大部檄徵邑志脩史館采輯爰擇邦人士之明通練達者爲之分類采輯互相探討隨時送稾覆加綜覈閱五月而草創畧定不以余譾陋致書往復虛懷商榷以冀完善成書使信今傳後得以脩異日輶軒之采擇焉余思文之有關於紀載者秉筆最難昔陳壽作三國志因其父見髡武侯傳遂多曲筆魏收作宋史因索米不與不爲盧毓盧珣作傳識者譏之今惟是就同人之編纂者考其文義繩以體例繁冗者汰之簡畧者增之裁酌歸于至當復加之脩飾潤色以贊其成亦

惟是芻蕘一得之獻云爾迄今剞劂將竣樂觀厥成爰
爲之序時在
道光拾貳年歲次壬辰小春月
例封文林郎候選知縣現任慶元學教諭吳興沈鏡源謹序

補刻邑志序

邑志自吳前令重修廿十載歷完善焉壬寅秋因 大憲勾攝軍需稽其道里鄉馹奉檄取志迄其數且縣詢諸吏則曰綫裝者無存矣察其意則又縮縮然憂一似終無以復命者越日乃知梓板之漫漶殘半矣噫嘻豈藏之非其地歟抑職掌之不得其人歟要之比來失于檢察宰斯土者固不得辭其咎矣冬十月與諸寅好謀補修之呂春泉章曹山兩學博欣然任肇劃焉且捐俸以助之費而董事諸君子亦遂勸以義也爰設局于學署正其

魚魯續其事實於癸卯仲春日開雕两越月而蕆事則又賴春泉吕君之目校手讎而躬親督課矣方余之初莅也取是書披覽之以爲大體既具質有其文得之山城亦云足矣而孰知其更有進迺古之人手訂一編往往得一二通儒爲之抉剔而愈覺可觀况斯志之修已星紀一週矣其孝弟貞廉義夫節婦迄今八而論定亟宜登諸簡編諒多可採豈不相需甚殷也哉余故樂其成也樂綴數行以詳其顛末并幸其有以補過焉

道光二十有三年孟夏之吉北平宋瑑謹識

纂修條言

縣志昉於有明萬歷之初問後修輯者不乏人而其書不少槪見至

國朝康熙壬子邑令[illegible]國前令關君起而修之嘉慶辛酉邑令關君復纂輯之越今已久字跡漫漶且前後三十二年其中山川風土未嘗或殊而人才輩出義行迭興貞節之操齊風躍武文學之製領異標新又有足超前而軼後者不可殫述此時不亟加修輯恐典型淪沒文獻無徵[illegible]何鑄難茲

刻不辭心力遍訪嗣閒摭實事蹟矢公矢慎考覈詳明蔵幾足以信今而傳後謹序其次如左

一封域星紀前志載明凡有增補悉從郡志無容立異至山川脉絡在地成形今昔不無稍易茲特分歷周查以辨支節逐一分明詳開方所不失廬山面目其古蹟存留亦悉詳查補載之

一建置因時變易難以枚舉前志詳加釐正近年來城池秩統以及衙署市井舖舍鄉都制無更改名悉沿舊一切倉廒嘉慶四年奏册開載悉無變置祇祀社義

倉新爲創建以備旱潦賑卹之用實足濟光前乘茲
特詳表規條以埀永遠至坊表亭閣署有修建亦詳
載之附存其舊
一賦役民生國計所關甚鉅自康熙初年清戶口減里
役久載
皇仁至近年行順莊草里役悉屬便民良法闔志凡戶口
田地山塘額賦雜徵悉遵賦役全書開載本無庸贅
爲增損但嘉慶二十五年因田地坍沒孫邑令詳請
豁免虛糧其額徵起運項下奉文減除茲刻悉照檔

案開載校正無訛

一學校為興賢育才之地所關甚重程志併入禮祀門未免失之簡畧闕志分立以昭鄭重茲仍從闕志惟

御製及近年先儒入祀謹補登載再善士捐助育英儲與嘉慶六年頒行

一莊田畝特附列學田之後以志不朽

一禋祀志壇壝廟制有關祈禱福應近無改置一概依照闕志登載亦不敢率畧

一古志不載武秩未免失之偏重今遵闕志仍列武備

凡營汛兵防有關統紀者悉依郡志增入

一風土志習尚物產今昔無殊悉照前志不敢贅辭

一官師志知縣教諭訓導典史依任補載其縣丞主簿雖已裁汰仍留備考近有治行循良公舉詳載亦足繼美前書

一選舉志近年登賢書成進士者寥寥罕見然經明行修者卓然有人至援例納粟同受恩榮鄉者介賓亦叨選舉程志刪削不錄頗嫌近刻茲照關志蒐羅備載以重典禮亦嘉予爲善之意也

一人物志理學忠節近代罕有名卿清正惟姚佃芝先生一人治行可紀其文學孝友篤行尚義暨善良各門風俗人心較前加厚前志分欵彙敘體制已備茲除舊志有傳外凡一事可採錄者俱核實而表彰之惟現存者不立傳以其勳秩未艾也

一閨操除前志編載外有續奉

題旌及地方官給額憲司褒揚詳查補載或有年例已符無力請旌者經地方公舉族鄰具結察訪得實一概補登以維風俗其參酌去留較前尤為精當

一雜事志仙釋舊志載明無庸增紀惟祥異乃天人相應之機大爲國徵小爲家兆時所或有茲刻仍照關志悉心訪入以備採覽而徵休咎至無疆堂關乎行禮讀法育嬰堂係乎慈幼恤孤典制詳備實補從前之缺永垂後世之規茲亦逐一分類補紀未敢從畧

一程志列寺觀於禋祀而以釋道入人物尚欠斟酌關志併爲一編列於雜事以示區别體裁極合茲仍從闕志

一藝文志程志列於山川形勝之下關志别爲一册深

合史列傳之體今仍從舊志惟是遺文近製彙呈
賢侯綜覈復相參酌棄去存擇一歸正宗刪齊梁之
艷體追魏晉之醇風前人云別裁僞體歸諸風雅斯
誠有然多士楷模爲前志所未逮
一綱羅散失表彰潛闡至裁彙纂者任之采輯者之功
亦與有力焉茲本逐訂參酌用昭慎重但歷年已久
罣漏知所不免參訂補輯不能無望於來者

沈鏡源拜記

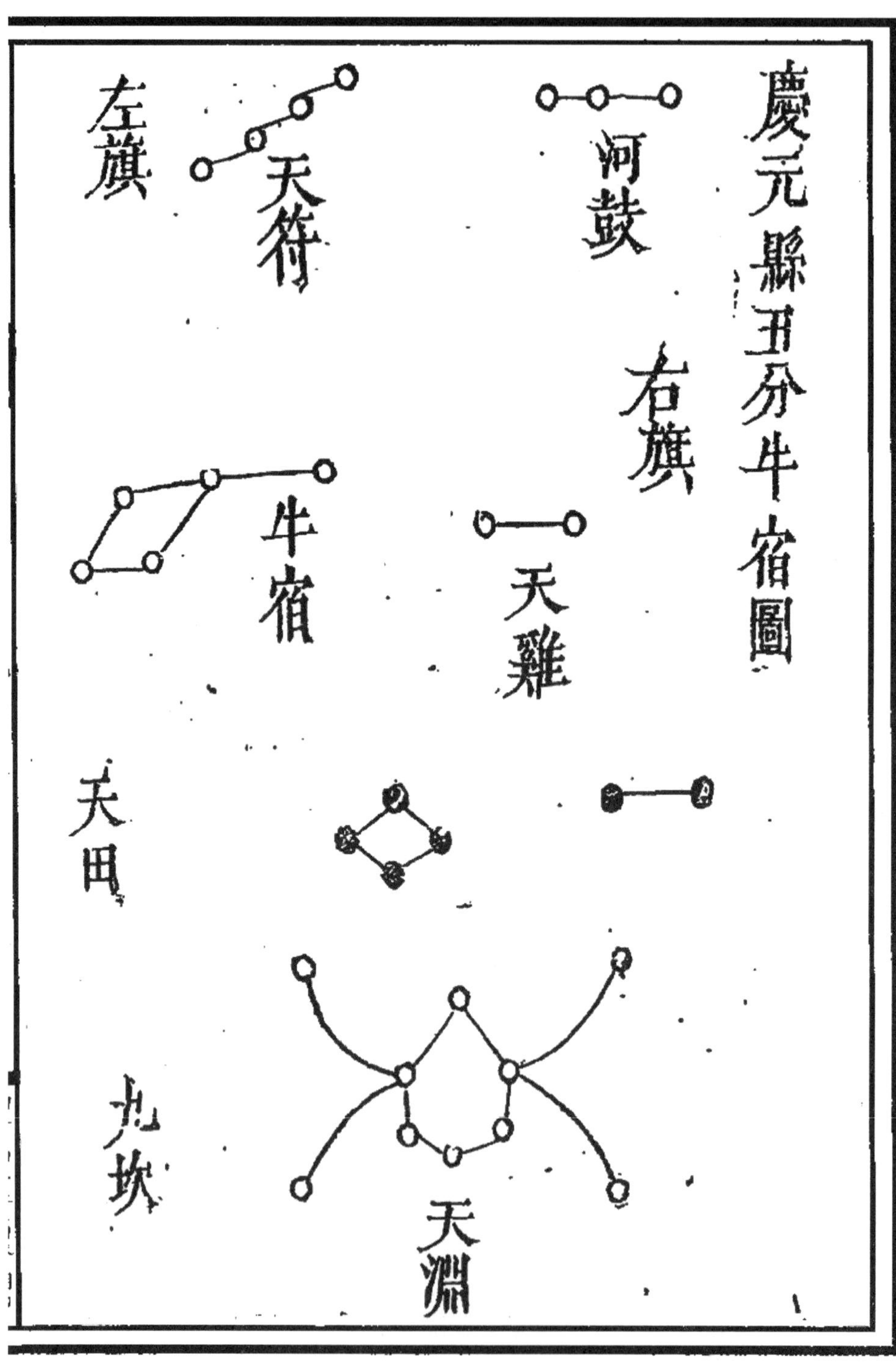
慶元縣丑分牛宿圖
河鼓
右旗
天雞
天桴
左旗
牛宿
天田
九坎
天淵

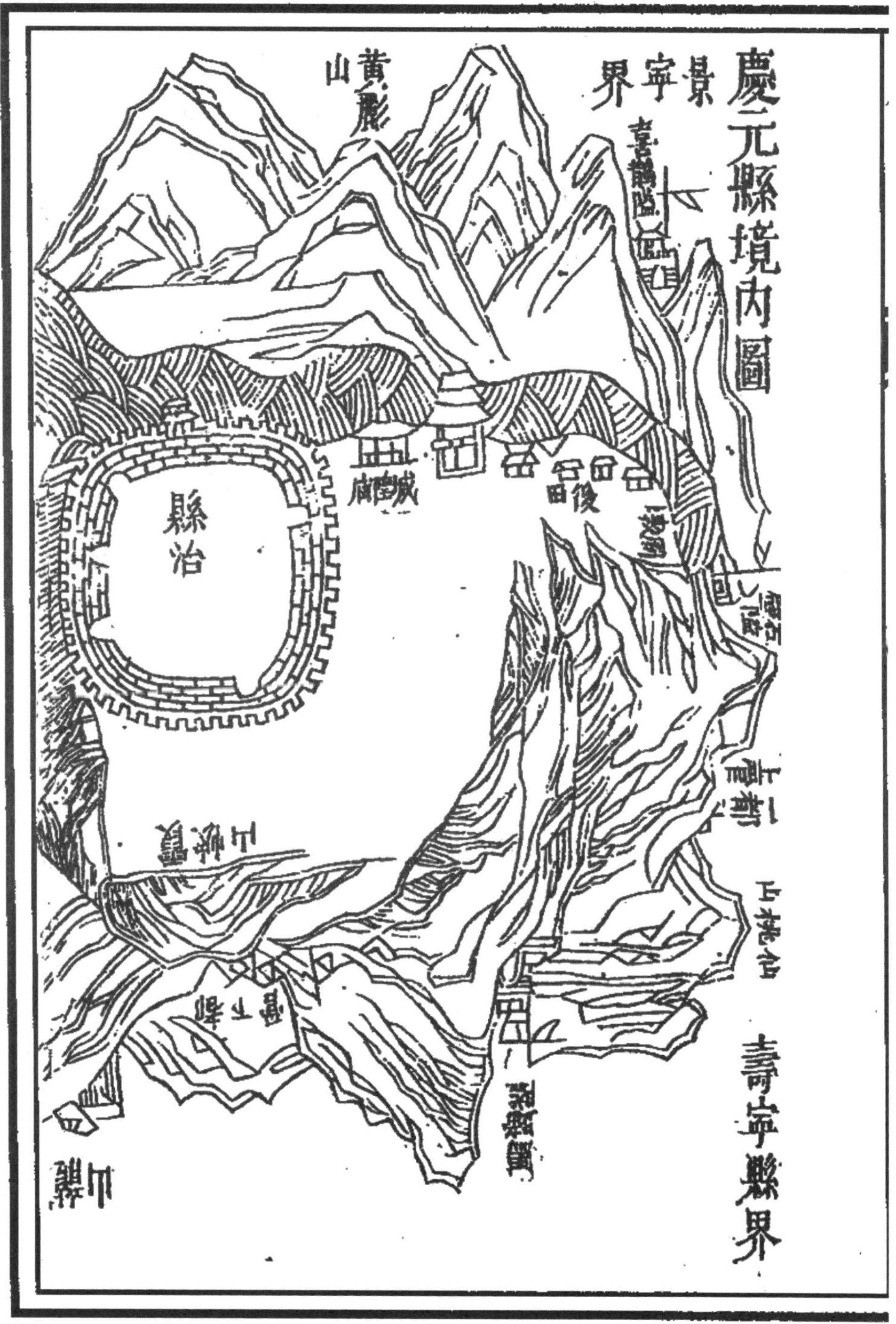
慶元縣境内圖
景寧界
黄影山
縣治
壽寧縣界

十二都
十都
九都
松溪界
政和界

慶元縣治圖

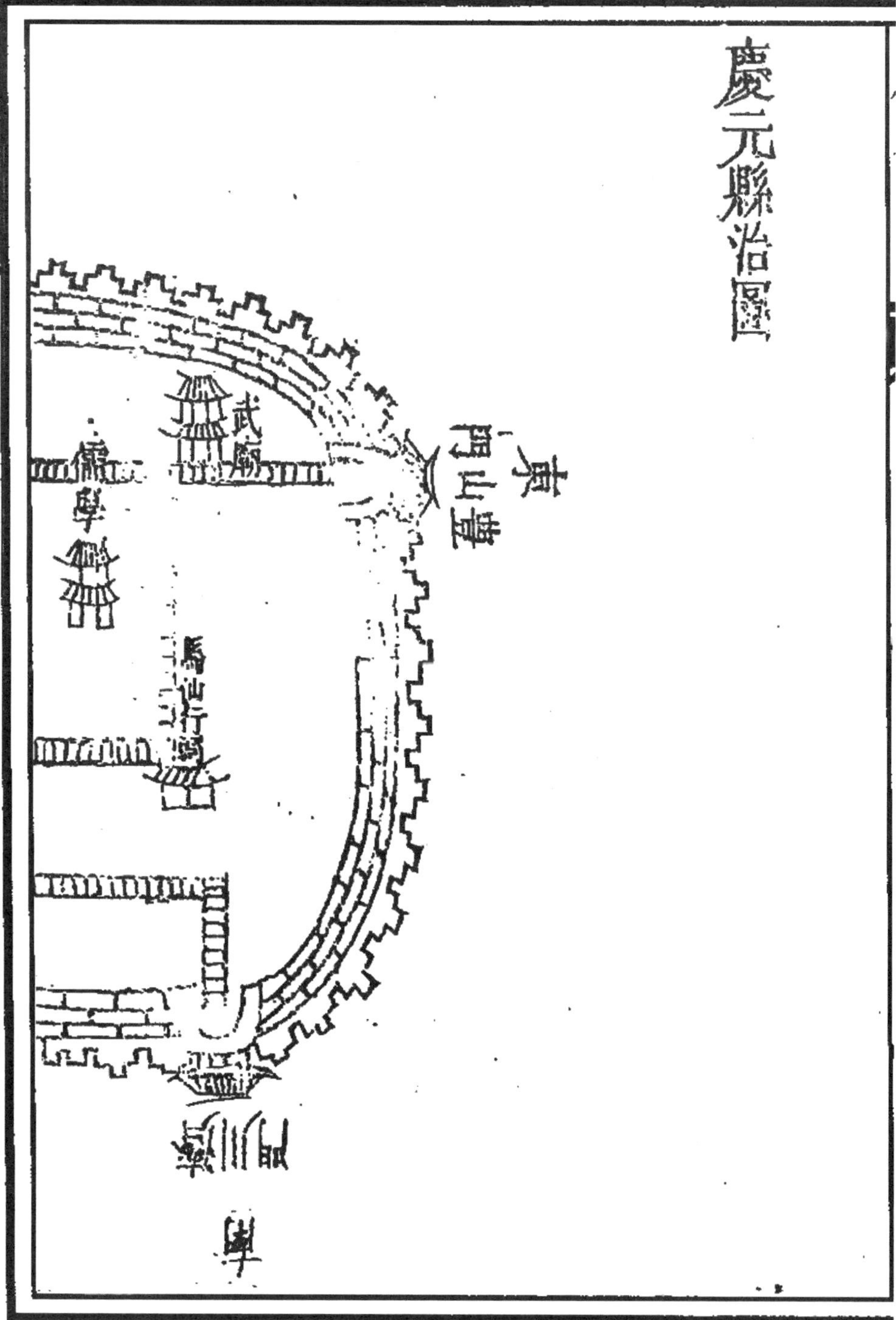

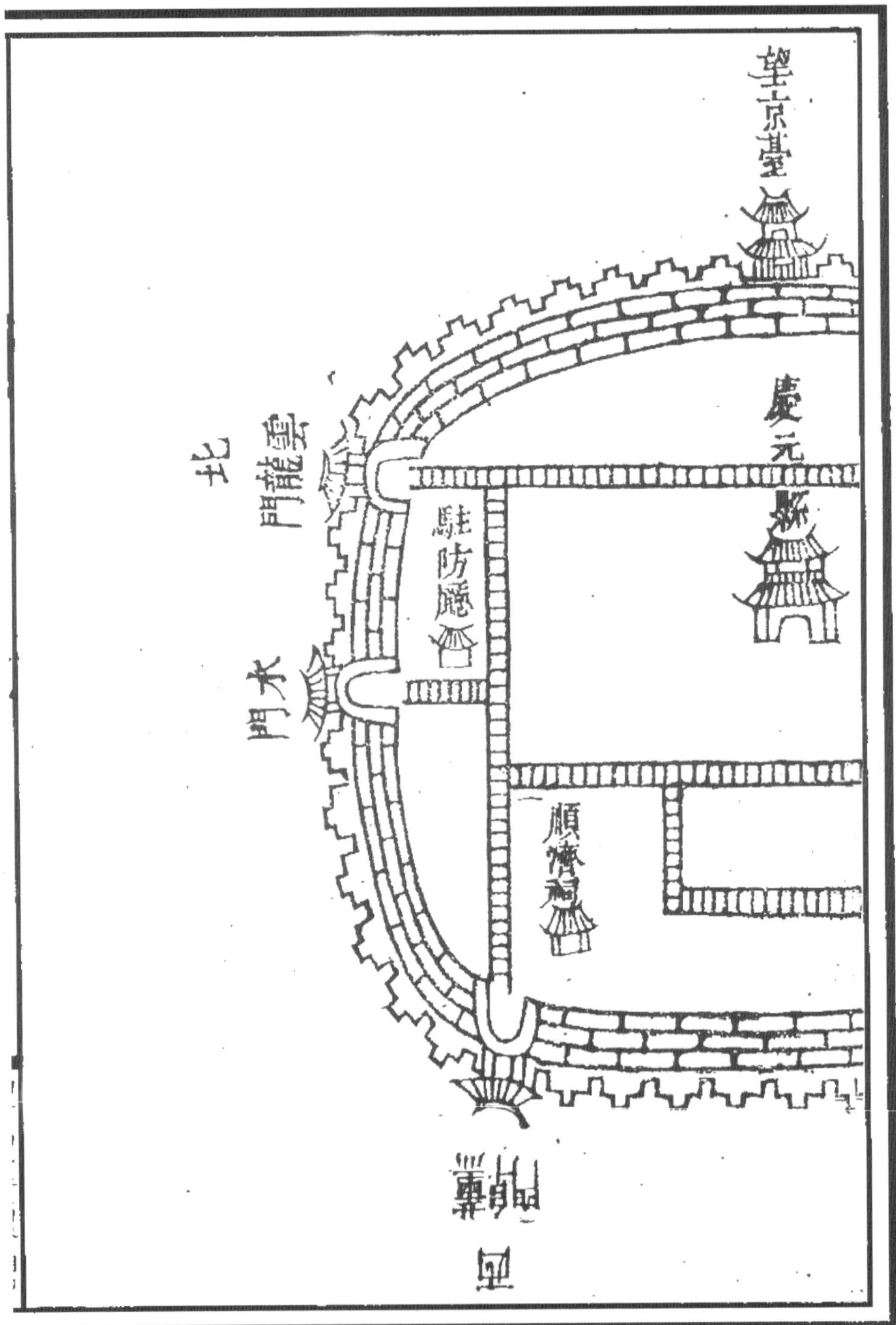
望京臺
慶元縣
駐防廳
順濟廟
雲龍門
水門
北
西

慶元縣志目錄

堰陂 亭閣 賑恤

卷之三

賦役志

土田 額徵 起運 存留 外賦

蠲卹

卷之四

學校志

學宮 位次 祭器 樂器 舞器

樂章 宸翰 讀訓 書籍 各官

卷之十二

藝文志

記　序　傳　賦　碑

奏文　箴　詩　前志序錄附

右一十二門子目九十八類凡一十二卷合序文縣

圖纂修銜名凡例言錄，析爲禮樂射御書數六册

慶元縣志纂修銜名

主修

慶元縣知縣吴綸彰

同修

慶元縣學教諭涉鏡源

慶元縣學訓導

校修

戊寅歲貢生周大成

甲申恩貢生余銑

生　員　吳登雲

生　員　吳升階

繕修

廩膳生員　姚樹檀

廩膳生員　吳大新

生　員　王勲

廩膳生員　葉榮菼

生　員　吳佶

採訪

恩廕職員 吳履祥

廩膳生員 陳南

廩膳生員 蔡郁文

生員 吳華

生員 吳俊彪

生員 吳一麟

監生 吳廷鈞

監生 吳體人

監生 吳恒謙

監　　　　　　　　　　　　　　　　　　　　　　　　　　　　　　　　　　　　庄　葉之芹

慶元縣志卷之一

知慶元縣事吳綸彰重修
知慶元縣事宋　琛補刻

封域志

分野　沿革　疆域　形勝　山川
古蹟

洪荒之世畫地無文虞書云肇十有二州封十有二山至禹貢而復合爲九始詳山澤辨土色定貢賦周禮慶地居民職方掌之此輿地之說所自昉歟夔壬古爲百粵地屬揚州析而分之不過千分中之一隅耳然星辰次舍著於天文岳峙川流形於地軸其間

封疆有定界險阻有定形與夫歷代有沿革皆不可以不審也志封域

分野

周禮保章氏以星土辨九州之地所封之國各有分星太史氏因之以察時變考災祥是因天繫地古有然矣故誌地理者以封域爲斷辨封域者以分星爲準蓋封域之剖屬靡定而星辰之次舍有定也合而考之其論始備

前漢地理志吳地斗牛分郎今之會稽郡一統志浙之處州入斗度

躔度在丑（隋書地理志於辰在丑吳越之分）

次星紀（晉天文志斗吳越 通書星紀躔也）

候在熒惑占於鳥衡（史記天官書吳越之疆候在熒惑 占於鳥衡熒惑鳥衡皆南方星也）

按慶元乃揚州境又屬七閩地考隋地理所識揚州南斗十二度至須女七度爲星紀而閩地則分屬之牛宿今慶雖隸於浙不繫於閩然而處西隸于福省爲最近于括州爲較遠按其星野應在斗二十四度入牛初度之分

沿革

誌封域必溯沿革遵年代之久近宜詳古今之

分合亦異如府志所云或州變爲縣或縣改爲

州由後溯前紛紜不一藉非有志孰從而考覈

耶爰稽與圖表列之爲備

慶元本禹貢揚州域

周爲七閩地

吳越時爲東甌鄉歷秦漢暨唐因之

五代時王審知據閩改名松源鎮屬處州龍泉

宋寧宗慶元三年吏部侍郎胡紘請於朝以所居松源

鄉置縣治因以紀年爲名元因之明洪武三年革縣治爲巡簡司治棘蘭隘仍屬龍泉十四年復置縣裁巡簡隸處州府知縣董大本編戶五十九里英宗天順二年耗省六里止存五十三里統計五百二十戶

國朝康熙十年併爲三十七里統計三百七十戶雍正七年編行順莊統一百六十八莊

疆域

維王建國必以疆域限之非獨使四民安居樂

業勿輕去其鄉已也牧治者審方辨俗因程途之遠近爲政教之prompt宜于是乎在處于浙爲末郡慶又于處爲遠鄙萬山環繞七閩接聯其經畫尤宜詳焉

縣在府城南四百里

東距西二百三十里

南距北一百二十五里

東南距西北二百六十里

東北距西南一百四十五里

東至福建壽寧縣鐵漈界九十里至其縣一百九十里
南至福建政和縣鐵溪界五十里至其縣九十里
西至福建松溪縣木城界四十里至其縣八十里
北至龍泉縣小梅界九十里至其縣一百八十里
東南至福建壽寧縣楊公嶺界一百五十里
東北至景寧縣後漈界一百里至其縣二百里
西南至福建政和縣上安溪界四十里
西北至福建浦城縣官庄界一百一十里至其縣一百七十里

東南慶二百三十里

南北袤一百二十五里

自縣治達府四百里達省一千三百十里達

京師五千四百十里

形勝

慶邑爲山峻嶺所在扼塞地皆天設之險野少夷曠之區所謂制人而不制于人者然距郡最遠介在關越奸宄易于嘯聚寇徒會盜出入則昔壘樹柵先事制禦不能無望于當事者加之

意耳

孽峯插天湍流據險控閩上游爲栝外蔽

環邑四面皆山而山脈導彖西南自鸞頭東歷梅均東南折爲溫陽又東南轉爲白雲山又正南折爲廻龍洞又南轉爲冠倉又南起爲天馬是爲邑之面山南去一百十里爲白巖山（福建政和縣界）西去四十里爲驍爐山（福建松溪縣界）是爲邑之右臂北去七十里爲馬鞍山（龍泉縣界）東去九十里爲萬里林山（福建壽寧縣界）是爲邑之左臂

入溪自東以北至濛洲與蓋竹水合後受交劍大經石壁三流西奔駛下注會濟川支流旋繞縣後復西會竹溪水滙入龍潭達槎溪與共洲水合循棘蘭西繞過新豐北受竹口委流背入於閩惟榆溪之水從縣瀉出過頭陀峽直下查田達龍泉邊郡城入於海

縣治枕山爲城帶水爲池前有霞岐之奇後有象山之秀溫陽聳其左石龍蟠其右仙桃列於東南薰鑪峙於西北石壁馬蹄爲門戶棘蘭喜鵲爲襟喉橫鎖[illegible]一方鎖鑰竹溪爲三面藩籬地雖彈丸勢如鐵甕

邑形勝未必能甲於此

山川

山川爲淑氣所鍾昔稱慶邑山川明秀名賢輩出如劉殿元陳大宗伯吳少司徒胡中銓諸公卓犖相望迄於今山川猶是而英哲不多覯豈真地運有盛衰歟人以地勝亦地以人勝生斯土者尚其勉之

雲鶴山自天馬山發脈而下斷而又斷布翅展翼由西南飛翥入城來結縣治形勢清高

[illegible]山縣城內雲鶴山之巽[illegible][illegible]塘坐山

峻山與縣治對相去七里晨曦光射闤闠輝映如金碧詩見藝文

天馬山縣南七里與霞帔山連詩見藝文

南山縣南十里丹崖翠巘奇秀偉麗

僊桃山縣東南十五里高出羣峯昔有仙廬其上飛花霞麗隱隱有簫管聲黃公遇仙於此詩見藝文

黃公山縣東五里即黃公寨遠視如屏邑居者多面此山

鏡山縣東北二里林木陰森賦見藝文

錦山縣北十里即市子山其麓盤踞四五八九等鄉兩峯對峙佳氣浮空若彩橋然相傳有負車仙伏祥來其上遙接蘆山兆應劉知新狀元及第詩見藝文

石龍山縣西北數百武蟠據若龍伏而復起登臨眺望一邑之勝在目其下為毬山詩見藝文

文筆山縣西北三里五峯挺立尖削摩空一名五雲山又名筆架峯詩見藝文

薰山縣西十里巉削陵空壁立千仞爲邑屏障歲旱禱雨輒應詩見藝文

松源山一都下管勢若建瓴詩見藝文

迴龍山一都下管山勢盤迴狀如伏龍中構一菴有蝶屋鶴澗瀑布試劍石詩見藝文

鐵嶺山一都下管

半月山一都上管前祖深潤後擁羣峯吳氏世居其下詩見藝文

銀屏山一都上管

石壁山二都周墩石筍崚空爲邑東關隘

温洋山二都屹立奇特爲諸山冠昔有老人居此歷年一百二十餘歲後遇仙而去詩見藝文

萬里林山二都逶迤深廣林木森翳居其麓者數十村

香爐山二都

品山二都三峯圓秀儼如品字

筆架山二都黃玹遇旱前有人在此禱雨立應

天操山二都詩見藝文

頂豐山三都

發紅山二都高洋到今並不生草木

山岡山三都羣峰出其下有禱輙應又名仙山

烏蜂山三都有龍王聖帝廟歲旱禱雨立應進廟者身或不潔群蜂擁至因名詩見藝文

象山四都

斑岱山四都藍岑飛瀑競秀爭流詩見藝文

馬袍山四都坑西源

梓潼山四都舊學址側昔建文昌祠於其上久廢

鷄嘴山四都

黄鶴山四都平坑

蓮花山五都詩見藝文

鼠山五都

屏風山六都坑里一邑水口

百丈山七都縣西北三十里與松溪晃界懸崖孤峭屹立高聳五代時馬氏二女棲真於此升成仙去巖壁間有鏡臺瓶帶剪刀履跡遺痕上有三聖井下有龍湫禱雨以木石投之泉立湧出風雨隨至詩記

見藝文

王謐山七都與百丈山連宋益王由此入閩遂以之故名

鳳凰山七都飛鸞峯聳出高入雲漢詩見藝文

掛榜山七都安溪

青峯山九都竹口山嶺開一平闊結庵其上前列秀峯後擁屏山裏不知者詩見藝文

拏雲山九都寨後亢與青峯山連山極峽擁嶽石撥雲出下布滿詩見藝文

真武山九都黃壇峯嵯峨峙立高聳菴在十二都者有詩其一書竹一壺壁一甄一一陵被秀麗

琵琶山九都磐嶺下時詩見藝文

白馬山十都中際詩見藝文

臺湖山十一都山勢峻大羣峯環拱與龍泉黃南界

鑾頭山十一都山峯峭立爲浙閩諸山之源

峯

巾子峯在鍋山上兩峯對峙高不可攀

棘蘭峯縣北二十五里峯巒蝟集前設巡檢司今廢止建隘詩見藝文

玉峯二都孤峭聳立望如瑤簪

鐵尖峯二都一峯矗立尖削摩空

大岩峯十一都下有風洞過此身或不潔飈風立至歲旱禱雨輒應

岡

黄堂岡四都聳象山之北下為東嶽宮

南壇岡濟川門外

巖

疊石巖二都給湖兩石相疊逹覷若懸崖一石高十餘丈上圓大下直小中如葫蘆頸

大獅巖二都大洪蹲踞如獅勢欲搏人

石壘巖二都黄皮有三穴彼此相通可容數十人

筆架巖二都黄皮天梯山上

馬蹄巖三都派石坑

歇雨巖五都延袤數丈上突下削

將軍崖七都張地一石卓立其高數丈

白鶴巖九都青峯山上相傳五代時有一童子遊此跨鶴而去

洞

石洪洞鏡山下

道人洞一都上管

仙巖洞二都青草中有泉自洞頂潺滴而下不涸不溢歲旱禱雨輒應

白雲洞三都陳村巉石嵌空常有白雲覆其上詩見藝文

坳

榅坳二都縣東五十里坳脊有溪昔多榅樹故名

梅坳 二都縣東北五十里

栗洋坳 二都縣東北七十里通雲和

榅樹坳 三都縣東南二十五里

關門坳 十二都縣北九十里通龍泉

嶺

石記岱嶺 縣東三十里嘉慶二十二年義士吴昌興獨捐重修

洛嶺 縣東七十里崒嵂倚天

亂盤嶺 縣東七十里上管

檟嶺 縣東八十里通壽寧界 以上俱一都

應嶺縣東十里横矗雲際狀如列戟嘉慶七年張仁伯吴日才吴文喜等仝修

蓋竹嶺縣東十里其上爲喜鵲隘

石梯嶺縣東二十五里丹崖飛瀑詩見藝文

梧桐嶺縣東三十里通景寧界

椿杵嶺縣東三十里

大保嶺縣東三十里

喬陌嶺縣東三十里

林草坑嶺縣東三十五里

青草嶺縣東五十里

大風坳嶺縣東壹百里與慶邑小接壤

打磚嶺縣東五十里

百花嶺縣東六十里

魚塘岱嶺縣東八十里

梅樹嶺縣東八十里

半天嶺縣東九十里層巒壁立一綫凌空詩見藝文

將軍嶺縣東一百里詳見藝文

以上[illegible]

赤㙮嶺縣南七里

烏石嶺縣西南十里至石壁峭削爲一西障

派石坑嶺縣南二十里

瀏答嶺縣東壹百二十里慶壽分界

朱坳嶺縣東五十里葉光偉倡修

濛頭坳嶺縣東六十里

平嶺縣東九十里

磨手嶺縣西二十里道光七年邑監生姚圖獨[illegible]
並建亭閣置茶田詩記見藝文　以上俱二[illegible]都

斑岱后嶺縣東北十里在四都

角門嶺縣北四里在五都

白嶺縣北三十里在八都通松溪

揷花嶺縣西四十里

張天嶺縣西六十里以上俱七都

明管嶺縣北三十里下爲棘蘭洸

寨後嶺縣北三十五里以上俱八都

湯源嶺縣北七十里

毛源嶺縣北一百里

打鼓嶺縣北一百二十里浦城縣界　以上俱十一都

川　溪

松源川縣南十里又名濟川源出松源山流入大溪詩見藝文

㴭洲川縣北七里有石印浮於水商邑人以石浮沉卜歲豐歉屢驗詩見藝文

竹坑溪薰阜門外源出西山㴭沙可鎔金又名古金溪抱城西北過雲龍門入石龍潭詩見藝文

濛洲溪縣東二十五里與蓋竹水合入交劍潭

灘龍溪縣東北六十里流入蓋竹溪

蓋竹溪縣東二十里

下灘溪縣東南十里

司後溪在政司後

坑西溪縣北五里流入洵溯

桃洲溪縣北八里流入槎溪詩見藝文

魏溪縣北七里又名震淤溪與桃洲水合

槎溪縣北二十里浪風翻綠瀾漩迴清流入棘蘭溪

安溪縣西南四十里入芸洲

芸洲溪縣北二十里與槎溪合

棘蘭溪縣北三十里詩見藝文

梓亭溪縣北四十里與新窖溪合

柏渡溪縣北六十里與竹口溪合

下潦溪縣北六十里與竹口溪合

竹口溪縣北五十里入梓亭溪詩見藝文

新窖溪縣北四十里以上諸水達松溪

潦下溪縣東北五十五里與左溪合

青竹溪縣東一百里入左溪

左溪縣東八十五里與南洋水合

南洋溪縣東北一百里以上水達景寧

皋溪縣東南七十里達壽寧

桐山溪縣北九十里達龍泉

潭

營後潭城隍廟後舊蔬圃湧雲氣隱隱流入石龍潭

山漈潭東關營嶺下流有石如鑑印日光燦射金碧璀璨

鏡潭東關鏡水嶺下合塞成灘詩見藝文

古樓潭在周墩其上爲古樓廟

周艮潭去縣東三里

石壁潭縣東八里許兩崖壁峙漈過入古龍潭

白沙潭縣東十五里

交劍潭縣東三十里兩水青瀉交流於大山之麓潭右有石峭削如笋

三井龍潭縣東四十里兩岸複嶂壁立有三泓最下一泓深不可測歲旱禱雨屢應其流入交劍潭

石龍潭縣北神力寺前上流水光澄瑩深不可測爲衆流所瀦瀉中浮巨石狀如龜又名印星知縣楊芝瑞架橋其上建齋天覺爲文以記之蔡立石潭右名放生潭詩見藝文

楓潭去縣北里餘

溪口潭縣北五里水深澄碧流入白槐潭

白槐潭去縣北十里

竈田潭縣西二十里流入芸洲

潛潭縣西三十里流入龟出

銅鉢潭縣西三十里形如銅鉢流入蒲潭詩見藝文

掬水潭槎溪下流相傳旁有樟樹大十餘圍有道人于此演法能呼役鬼神忽風雨晦冥其樹倒揷潭中至今不朽

把馬潭流入蘇蘭溪

廻龍潭縣北六十里竹口

黄潭縣北六十里流入廻龍潭

斗潭縣北八十里流入黄潭以上俱達閩

古蹟

溯豐水者思禹績撫松栢者憶景山雅擅一時名堪千古慶邑環山重重勝由天設然桂亭翰墨傳自有元濟水題樓首推清獻俯仰千載人有同心興廢無常感慨係之矣

馬仙墓在六都百丈山距脱身巖六里世傳馬仙瘞母處也數峯聳起一水繞旋宛然圖畫一統志廣輿記皆云墓有古松一株倒垂如帚隨風掃蕩塚無些塵康熙間松爲樵夫伐去復生如前伐松樵亦尋爲雷所殛

脱身巖在百丈山懸崖倚空下視無際馬仙修煉於此路自松溪令閩其貌美欲娶之女約曰若能一夕砌路自城達山相迎便當從令亦有神術如期路竟成二女乃飛身於關溪石崖下令追躡之遂亦飛化今

石上女鞋跡并鞋履跡皆高寸許有鑱刻所莫能名者

百丈十三井 百丈山巔其水清冽自山南半嶺奔雷滚雪曲折流五六里瀉入龍湫遂靜悄無聲隨以次注十三井復狂奔而去雲氣蒸鬱隱隱有龍潛於其中

鏡臺礪水 在騣身巖對岸詳見山川

東溪赤巖三井 去縣東百里四圍壁立如甕流泉清冽每注一井俱作飛瀑珠噴而下最下一泓深不可測冷氣逼人莫能注視常有龍棲其中歲旱禱雨立應

百花巖 三都花卉繁盛黃公結廬其上二十餘年坐化於此至今石上有鋒刀痕跡詩見藝文

石印三井

西洋巖後三井 明嘉靖三年禱雨於此三日不雨人以石投井行不數武雨雹如注山木盡拔

神童井 相傳在神童坊下久湮没乾隆十三年居人捜尨爍得之掘下十餘尺即得二石硯硯背有銘乃陳尚書嘉猷所製也古質班駁色光瑩潤甚可愛也因此疑爲尚書舊地然不可考

黃仙宅 在下管黃均址存

劉狀元宅 五都番塽門前舊址猶存

陳尚書宅 在九都舊有神童坊今廢

胡侍郎宅 在四都坑西雙股嶺下今廢

籍桂亭 在縣治前舊有亭匾籍桂二字立石題進士名左右鑿池植荷花夾岸栽柰元至元十五年火大德九年知縣于崇重建今廢

梓亭寨 在九都爲榮慶巡簡司建今廢

鞠亭在縣治內久廢

手詔亭在縣治南今廢

放生池在神力廟前

達觀亭石龍潭龜石上嘉慶間知縣程紹顯建

松源形勝亭與達觀亭連今俱廢

平川陳父母碑雲龍門外

補天閣城北龜石上明崇正十三年知縣楊芝瑞建記見藝文

小蓬萊補天閣下今俱廢詩見藝文

硯中閣在坑壁磏中崇正十四年知縣楊芝瑞建順治八年壞詩見藝文

須春亭在縣南久廢

日涉園在一都下管當湖陸子淸獻講學於此園門有樓手書瞻岵二字

嵐岫永清石在八都明嘉靖間知縣陳澤書

洗耳泉在勝隱庵

慶元縣志卷之二　知慶元縣事吳綸彰重修

知慶元縣事宋　琛補刻

建置志

城池　秩統　衙署　井市附衙巷

鋪舍　鄉都　倉廒　坊表

橋渡　堰陂　亭閣　賑郵

先王建邦啟土，晝之幾疆內而衙署，外而市廛，近而城郭，遠而郊甸，莫不度地居民，正位辨方，以時創舉，典至重也。下此而倉粟為利濟所在，坊表乃名節攸關，或矜生恤死之有具，或堰陂郵傳之可尋，皆當一

一條載以資討論者也志建置

城池

易曰王公設險以守其國險之時義大矣哉慶

隸邊末三百年距關塞徙易於出入雖曰衆志可

以成城而未雨綢繆猶幸先事者之能預圖耳

城高一丈八尺厚一丈四尺垛一千五百六十明嘉靖二十五年知縣陳澤始築陳桓有記見藝文四十一年署縣事通判周紳改築西城於西山之巔凡六十餘丈高一丈八尺厚一丈五尺樊獻科有記見藝文崇正十五年知縣楊芝瑞重修環增磚垛三尺

東豐山門初名壽寧門又名仁豐門

南濟川門

西薰享門

北雲龍門

西北太平門 明嘉靖四十三年知縣張應亮從民請增開亦曰水門

東北望京臺 萬歷五年知縣沈維龍重修順治五年燬康熙十一年知縣程維伊再建今圮

城樓五 東南西北各一水門一崇正十五年知縣楊芝瑞建順治五年燬共四康熙七年知縣程維伊重建又圮乾隆五十年知縣王恒再建惟水門一樓向爲楊公祠嘉慶四年十一月燬於火十二年復建

窩鋪十二 楊芝瑞建久毀

東南敵樓各一 楊芝瑞建崇正時壽寧山寇掠慶不敢窺城邑人咸歡呼稱楊功德

西南倚山山名雲鶴

西北臨河北爲大河西爲金溪水逕城而下至雲龍門合大河

東南鑿池深一丈廣二十丈池水東流至北與大河水合

萬歷十六年夏水夜發衝壞北城七十三丈知縣詹

乘龍重築

國朝康熙二十五年大水衝塌西城數十餘丈雍正八

年知縣徐羲麟重修

乾隆元年大水三十二年五月又水四十九年五月

又水西城屢修屢塌凡三壞四十九年知縣王恒

重修五十三年大水金溪水從西城衝入轉北城
衝出淹塌西北隅民舍壞西城七十餘丈北城二
十丈嘉慶二十四年知縣孫榮績倡捐築堤居民
無患
秩統
國家設官分職建之長以養民即立之師以教
民下至僚屬相聯莫不有數可紀慶自分治以
來歷代損益互有不同我
朝定鼎建官惟賢位事惟能準時地之繁簡而汰

設之有久安長治之署焉謹叙其秩統如左

宋

令一人慶元三年分縣設

元

達魯花赤一人

主簿一人

明

廵檢司一人洪武三年汰知縣設本職

知縣一人洪武十四年汰廵檢仍設本職

縣丞一人隆慶元年汰

主簿一人嘉靖七年汰

典史一人

教諭一人

佐訓導二人隨汰一人

國朝

知縣一人

典史一人

吏戶禮刑司吏各一人　典吏各一人

兵工司吏各一人　舖長承發典吏各一人

庫書一人　倉書一人

教諭一人順治十七年裁汰康熙十五年復設

訓導一人

廩膳生員二十人　增廣生員二十人

歲入附學十二人　歲入武學八人

科入附學十二人國初入學歲科并考文武額皆六名康熙二十三年奉

恩諭廣額歲科分考文學增二名爲八名二十八[illegible]

奉

恩諭文增四名爲十二名武增二名爲八名

學吏二人

醫學訓科一人　陰陽學訓術一人

農員一人雍正二年設　僧會司僧會一人

道會司道會一人以上五人俱准邑人補授

衙署

邑有衙署非特示尊嚴肅體統已也蓋治民不可以露處爲民父母使一身無所棲托將何以展布四體爲烝赤子謀身家慶邑衙廨舊燬於兵官皆僦居民舍大

國朝來燦然具備規模宏遠矣居其位以治其民

當惟是布政敷教云云亦繼續可耳

縣治在城東北宋慶元三年令富嘉謀建元至正十五年燬於寇二十六年達魯花赤亦都散重建明洪武十四年知縣董大本再建二十七年知縣李仲仁拓建宏治間知縣沈鶴重修隆慶元年知縣魏夔龍重修道光八年知縣黃煥復修

中爲大堂舊名忠愛堂世傳其額爲子朱子手書康熙四年知縣程維伊重建大堂仍懸舊額雍正元年堂爲颶風所壞知縣李飛鯤改退思堂爲官廳乾隆十七年知縣鄒儒復建大堂有記見藝文

左爲贊政廳等無署之守僚官藉此辦事

左後爲豆房庫貯一切幣物

右爲寅賓館凡賓客入謁者先延入坐再肅迎

右後爲茶房官有事時于此烹茶以進

堂後爲宅門以時啓閉置守役一人凡書役人等非奉傳喚不得擅自出入

宅門內爲穿堂爲後堂知縣程繼伊題其額曰萬古磨青嘉慶二年知縣魏夔龍題曰清慎勤

左爲龍亭庫右爲架閣庫

又後爲三堂爲知縣宅順治十年毀康熙四年知縣程維伊重建有記見藝文乾隆三十六年知縣唐若瀛以三堂地卑陞基重建

東爲火廳西爲藝圃

堂前爲轉遶尊客輿馬止于此

又前爲立廊皁役立此聽差

東列吏戶禮倉四房

西列兵刑工承發四房順治五年房及大堂皆燬於寇康熙元年知縣高嶙重建東西房乾隆七年知縣鄒儒重新建造

甬道立戒石亭

亭前儀門三東爲土地祠康熙五年知縣程維伊重建乾隆四十九年知縣王恒修嘉慶四年署縣張震續修

西爲禁獄舊在儀門內兩廊間知縣陳九功改建于此

前爲大門門上爲譙樓明嘉靖二十五年知縣陳澤匡以磚甃萬曆二十八年兵火沿燒折
毁右爲知縣宅縣官重修有記見藝文
至乾隆三十八年知縣熊□珍新建
門外爲申明旌善二亭明知縣宋楷創建嘉靖二年以二亭並改建舖舍今廢
治東爲典史宅舊爲縣丞宅明隆慶元年汰縣丞缺縣宋楷遷學于縣宅以典史宅充學址以
縣丞宅建典史宅順治十五年康熙六年典史龔孔
衙重建乾隆三十四年典史劉景濤重修五十六年
典史董敦禮復修嘉慶二十
三年典史宋清晏續修
主簿宅舊在巡捕宅前嘉靖七年汰主簿知縣陳澤改舊宅爲預備倉
儒學署在縣治東初署在文廟明倫堂左側隆慶元年遷今址
中爲大堂爲奎星樓乾隆四十八年教諭王炳訓導程玉麟率諸生建五十四年教諭錢

廷錦訓導程琛捐俸續成

外爲大門 訓導程玉麟懸龍門二字額

東爲教諭宅 康熙二十年教諭屠樹聲建三十六年教諭胡玠重建有記見藝文 年教諭史紹武額其門曰桃李門嘉慶三年教諭章觀嶽額其堂曰傳經處道光九年教諭沈鏡源修

西爲訓導宅 乾隆四十八年訓導程玉麟重修額其堂曰觀雅齋署訓導程琛額其門曰青雲梯五十九年訓導徐藻重修道光八年訓導沈衍錫修

陰陽學 舊在西隅絃歌坊嘉慶二十五年知縣陳澤買價築城改建東門內府館前久廢址存

醫學 舊在西隅太平橋東嘉靖二十五年知縣陳澤以築城買爲民居改建于陰陽學左扁曰惠民藥局久廢址存

僧會司在集善堂

道會司舊在東隅桂香坊明知縣董大本建嘉靖二十五年知縣陳澤貿價築城久爲民地今缺

府館在豐山門内明初在西隅興賢坊嘉靖間知縣陳澤築城貿爲民地遷建今址康熙八年知縣程維伊重修

分巡同知署明嘉靖乙巳年知縣陳澤建

按察分司舊在城北西隅石龍街末明知縣董大本奉檄鼎建址在

布政分司舊在石龍街明知縣董大本奉檄鼎建嘉靖時築城貿爲民地

稅課司城西太平橋東明宏治二年以本縣帶辨其址貿爲平地

竹溪公館九都竹口明嘉靖間知縣陳澤以地界浙閩爲上司驛節之所上請鼎建順治十三年燬

於寇康熙十年知縣程維伊重建有記見藝文
乾隆七年知縣鄒儒鼎新復建有記見藝文

小梅公館明洪武間知縣薛大本建址存

市井附街巷

日中爲市利用易鑿井而飲利用汲二者古之制也慶邑僻在萬山舟楫不通商賈罕達𨶒於市者本無奇貨之可居然交易而退有市道焉寒泉之食有井義焉他如街巷往來雖非輻輳要之生長於斯聚族於斯皆生民日用之經建置中之要務也故並詳之

縣前井在儒學門前色清味甘冬夏汲之不竭明天啓間縣丞傅恭鑿嘉靖間居民甃石康熙十年知縣程維伊捐俸重修

大街井縣治西冬煖夏涼大旱不涸

攀溪市在上管去縣甚遠商旅稀至今廢久

竹口市在九都爲閩浙通衢每歲十月卜日迎神四方商旅聚貨貿易三日而退謂之賽會

大街縣前　北門街縣北

上街縣右　橫城街縣東邑人吳克禮甃磚

東門街府館前邑人葉憲甃磚　後街縣後邑人吳怡甃磚

上倉街縣南邑人吳克禮甃磚　以上城內　石龍街北門外邑人周曾藏葉運甃磚

後田街東門外邑人姚瓘葉繁甃磚　竹口街九都邑人葉荷甃磚

竹坑巷縣西　墊塘巷縣南

西湖巷縣南　水門巷縣西北

濟橋巷　後碓巷俱東門外

鋪舍　鄉都

古者驛亭有置傳命通於上國而民不滋擾一鄙一鄙由近及遠又皆聲教所宏被慶雖小邑總而計之爲鄉者三爲都者十有二爲鋪舍者七度地居民因方授驛皆守土者所關心也可弗志歟

鋪

總鋪舊在縣西明洪武十四年知縣蕫大本改建縣東申明旌善二亭址改造總

隆慶三年知縣朱帶以總鋪址建爲儒學將縣前

鋪由雲龍門達龍泉者六

金村鋪五都去縣北一十里

水南鋪八都去縣北二十里

黄荆鋪八都去縣北三十里

梓亭鋪九都去縣北四十里

大澤鋪十二都去縣北五十里

楓樹鋪十二都去縣北六十里

鄉

松源鄉統一都二都

從政鄉統三都四都五都六都七都

榮慶鄉統八都九都十都十一都十二都

城隅

東隅統圖二地名六

上倉　埜塘　東門街　坑塹　後田

後碓

西隅統圖二地名九

大街　下街　後街　後街　竹坑

梳橋　廊下　潭頭　石龍下

都

一都下管統圖二地名八

大濟　小濟　七保　八保　黃坳

柿兒　下灘　叉路下

一都上管統圖五地名五十有三

濛洲　橋後　黃田頭　石記岱　黃坪

黃坑　半溪　東山後　楊家樓　門樓後

溶嶺　下村　蔡地　薦坑　范處

岡頭　醮田　舉溪　小濟頭　漈根

楊家庄　下庄　大濟頭　包果　黃楠坑

陳鑑坑　黃田　黃布　後倉坑　包謝
八爐　後洋坑　蘭頭　西溪　蓬家山
魚川　轉水　杉坑　豆腐坑　澤楠坑
横嶺　洋頭　釘碎窑　富樓源　東溪
徐洋　庵門　葛坪　後坑　吳山
下洋　西坑　屯洋

二都統圖十一　地名一百六十

周墩　西川　塘頭　壇衕　周處 廢
棉川 北　嶂下　染廠坑　賢艮　石頭坑

淤上 黄檀 金山頭 石板倉 新村

松栢灣 新庄 蔡公改名蔡川 高洋

張百坑 大巖坑 南洋 山坵 紙焙

坑頭 湖池 外洋 西洋

蓋竹 根竹山 西洋 下段 後濵

東坑 喬陌 桐梓 東岱 黄皮

漈下 北坑 梧桐 蘭溪橋 青草

庫坑 黄土洋 久住洋 黄水 蛤湖

山堆 橫坑 爛泥 齋郎 楓樹坪

山井溪　石礁　粟洋　半坑　車根
五大保　岩下　高漈　車坑　横山
下磜　馬家地　珠嶺坑　高住　尖上
底墅　荷地　漈面　洋邊　後庄
下墅　漈角　塘尾　黃沙　岩坑
楊橋　桃坑　黃公山　黃壇見　大岩
杉坑　楊朗坑　半路村　半坑　奇羅廢
半山廢　黃坑　東坑　東溪　上洋
交漈

大洪　烏石　林草坑　田㙩　嶺頭

杉㟁𡽀　蘇湖塘　楊婆源　東山後　坪頭

茶坪　源頭　橋頭　石磨下　金處

嵐頭　岱根　青竹　半嶺　山頭

梅樹　安溪　留香　竹坪　白柿

塘尾　後坑頭廢　坳根廢

黃泥壟　魚鱿洋　石桯　梘頭　堰頭

高崇坑　湖邊　左溪　田坑　轄竹

石塘　下塘　印獐　坑下　杉樹下

黃山頭　庫望坑　漈下　官塘　横坑
箬換　沙洋　白[illegible]洋　後洋　衫坑
上店　洋頭　水寨　垻頭　園根
青田　箬坑　茶洋坑　蓮溪　龍頭
斜山兒　簟坪壪　中央閘

三都統圖三　地名六十有一

下塢　源頭　半嶺　烏石嶺　范源
嵐後　坳坵　徐墩　坑口　塘磯
五錠　新村　游山頭　伍丕　翁山

滕磜　横溪　下塝　朱坳　坳下
員山　小安　半嶺　小源　黄山頭
竹下　麤磜　根竹山　方塘　横坑
下源　内庄　中村　坑井　五漈下
岱根　南坑　陳村　黄坭　班岱底
班岱外　楓嶺根廢　衕頭　[illegible]　余地
上村　後樓　羅坳　權[illegible]　墅頭
埠頭　山頭洋　横源　松後　塘下
五嶺根　五嶺頭　劉貴溪　管山頭　棚下

西山　後峯

四都統圖二　地名二十有八

濱田　學後　坑西　石磧　竹坑源

上庄　上田　橫欄　坳後　源頭

焦坑　際上　高際　龔頭　茶園後

駄坑　下洋　張家畬　[illegible]堂根　平坑

山邊　塘邊廢　樓下　高亭廢　濟洋

雙要　烏侄

五都統圖二　地名二十有五

魏溪　畨墺　湖邊　坑頭　墈頭
底村　外村　均下　金村　朱村
上淤　薰山下　高畧　李塢　白蛇窟
上源　石井　黄花坂　楓樹淤　猪脚岱
洋頭　猪背坑　九際　塘園　月山

六都統圖三　地名三十有八

庄頭　洋里　甘公坑　外童　内童
葛徐　石陂　黄沙　坑邊　車下
芸洲　龜田　塗坑　蘇麻　車坑

局下　蔡段　坑里　葉村　雷山頭

官山頭　石門　張源　白嶺頭　奶圳

㘵下　山根　洋頭背　高山壪　菖蒲洋

落花洋　下溪洋　平坑　爐坪　大毛凹

洋塢　官倉邊　倉岱

七都統圖三　地名三十有五

樟坑　徐墩　蒲潭　吴田頭　李地

白沙　廟邊　呂源　源尾　中村

㘵坑　下安溪　大門底　小林源　鄭山後

洋後　張宂　張坐　黃垃　坑下

生水塘　後坳　源頭　內關　小關

隆宮　西坂　何山頭　濟下　濟頭

山坑　輿坑　漈下　山岡　徐山

八都統圖三　地名二十有六

橫𥑮廢　余村　下旲　槎溪　黃洋

岱根　坪洋　山栫　赤坑　菊水

后口　鍾石淤　燸兒　下斜　棘蘭

濮後坑　下淤　竹下　後碓　楊家

溪北　下井　東山後　東溪頭　高壤

月坳

九都統圖三　地名三十有六

黄杜坑　新窰　新岱　黄壇　貝湫

竹口　蓬塘　岩後　崔家田　陳龍溪

後寮　上坑　爐坑　上坳　白象

下洋淤　田邊　旱坑　大林　倉底

馬調洋　何衙　下窟　黄蓮坑　青毛畬

大松坑　蔡山頭　岱根　山頭　千秤

桼坑　光蒲　叅烏　三岱　礱口

潘衕

十都統圖三地名二十有六

下漈　中漈　上賴　陳邊　上漈

湖頭　漈下　雙井　梁家田　上井

吳村　烏壇下　中碓　漈頭　洋頭

後坑

十一都統圖七地名三十有八

湯源　上源　朱塢　何坂　中村

小黃南　泥嶺根　槐源　黃畲　嶺後
横坑　葵洋　丁源　毛源　羅源
龔村　毛塢　范塢　排頭　何源
調壇　濟上　濟下　張岩　英塢
翁村　井邊　甘竹山　麻嶺後　濟根
櫻椆坑　鄭塢兒　外塢　營術　孔坳
陳村　前寮　旱坂

十二都統圖三　地名一十有九

大澤　伯渡口　下洋　三溪　山頭壟

下汯　上汯　栢渡閘　李村　姚村
下塢　庄頭梅　臺湖　竹林　東邊
西邊　黄塢　葛田　碁源　南源
桐山　頭陀　佛堂坑　苦嶺坑　高山
金村下洋　甸塢　岩坑　下坑
已上鄉都原設版圖一十五都三十七里今編順
庄一百六十八庄先是慶元初分五十三里
皇清康熈十年大造編審七月内奉總督劉巡撫范憲牌内
開併圖減役向例不及三千畝爲一里今届編審

編定三千畝爲一里仍聽里民以近就近自尋熟識配爲一里等因到縣知縣程維伊加意剔釐勞心經畫恰遵來文聽民自便熟識相連計畝多寡酌里去留計減没一百六十戶併作三十七里其所没之戶田地山塘悉併入三十七畝之內中有兩姓併爲一戶或二三姓或衆姓併爲一戶且止有丁地山塘而無田畝者亦止有田畝而無丁山塘地者各依所併項下輸差而偏累之弊除至若徵輸之法先年慶元田戶自稅自輸並無現年催

賠之累自明季法窮弊行錢糧完欠專責現年鄉有欠數勒令充賠及纖毫民豪里故意拖延以致現年糧長鬻肉補瘡典賣賠墊數十餘年小民視田如仇棄家如鶩康熙十一年八月內又奉總督劉巡撫范檄行嚴禁內開議裁舊好一款新令概將現年糧長名色盡行革除其各甲田地人戶悉照自己名下應徵糧米依限完納縣官催徵俱照赤歷人戶田糧刊給易知長單分散各里照限自齎赴比如有預期先完者即于簿上註明給票歸農不得

重勒比較或係一八十分鄙自催自完不必更催
他甲甚爲小民簡便等因到縣知縣程維伊勵志
奉行而現年賠累之弊亦除康熙四十年奉巡撫
張公志棟葦里長名色行滾催單法至雍正七
年總督李公衛
題請申嚴順庄滾催之法委員設都查編析除圖甲不
許棚戶推名花分詭寄城鄉蕩庄以遷讓爲序一
照烟戶保甲造冊給單分限滾催而里長之弊盡
除

官倉

倉儲之設其初爲救荒計而後世軍國之需具有賴是以資者所係誠非小也因前此之營繕爲今後之預匱嚴封鎖愼檢校避下濕防風雨爲政者可不視爲亟務乎

常平倉　舊在縣東官倉巷即今儒學前明嘉靖二十五年知縣陳澤改建縣治內東邊主簿署舊址萬曆四年知縣沈維龍重修再建新厫二所

國朝因之遞加修葺編宇宙洪日月盈昃辰宿列張寒來暑往秋收冬藏閏餘成歲律呂調陽致等字二十八厫共貯穀柒千捌百壹拾捌石玖斗三升四合叁勺

竹口官倉在九都竹溪大街公館內編露結爲霜金生麗水玉出崑岡劍號巨闕珠稱夜光果珍李柰菜重芥薑海鹹河淡等字三十二厫其貯穀柒千伍百捌拾石以上二倉計貯

一件各省州縣等事官捐穀壹千壹百貳拾叁石壹斗四升壹勺

一件欽奉
上諭事田畝捐穀陸百壹拾伍石玖斗

一件請照江南等事生俊捐穀陸千肆百陸拾壹石壹升貳合貳勺

一件仰體
聖衷等事生俊捐穀伍千伍百捌拾叁石陸斗

一件欽奉
上諭事生俊捐穀肆百石

一件遵
旨速議具奏事生俊捐穀壹千貳百壹拾壹石貳斗捌升貳合

一件各省州縣等事官捐穀伍石

計七案共貯穀壹萬伍千叁百玖拾玖石玖斗叁升
肆合叁勺
遵照嘉慶四年　奉册開載

預備倉 凡五所明洪武間知縣余源清建東倉一都南倉六都北倉八都西倉十二都俱久廢惟中倉一所初在儒學前官倉巷嘉靖時知縣陳澤改建縣治內主簿署舊址至萬歷八年知縣陳九功仍將舊倉巷故址重建倉厫扁曰預備向僉殷實者充當倉夫歷久弊甚四十二年知縣郭際美許革倉夫以吏承管民困始蘇四十六年知縣江獻忠捐俸重修崇正十四年知縣楊芝瑞復修

國朝因之故預備倉之在城者有二一則儀門外主簿署舊址陳澤所遷建者是一則大街東官倉巷原址陳九功所重建者是後將所並用均堆貯穀乾隆五十一年知縣王恒以官倉巷離署較遠將預備所貯穀石盡貯於縣治內常平二十八厫之中道光二年知縣樂部詳請將預備廢倉改建育嬰堂記見藝文

社倉

朱子社倉之法載在書傳者甚明後世行之不善立法頗似義倉蓋竊社倉之名而未稽其實者也慶邑舊無社倉乾隆二十三年廵撫楊公廷璋奏立知縣陳春芳奉文建置歷久穀石無存倉厫傾廢道光六年知縣黄煥又奉文復設輸穀貯倉絶盤驗以杜需索易社長而立董事推陳易新悉聽三王裁法良意美亦普惠元元之意也今列其倉數如左

城内社倉　貯穀柒百貳拾捌石玖斗五合

后田社倉　貯穀柒百零五石五斗五升

大濟社倉　貯穀壹百陸拾柒石伍斗貳升

上都社倉　貯穀貳百玖拾石五斗玖升柒合

二都七八社倉　貯穀壹百壹拾柒石肆斗貳升肆合

九都竹口社倉　貯穀壹百肆拾捌石叁斗陸升貳合九勺

已上陸處已建倉厫共貯穀貳千壹百伍拾捌石叁斗伍升捌合九勺

二都五六社穀　捐穀叁百肆拾石陸斗

二都九十社穀　捐穀貳百肆拾玖石叁斗柒升

三都社穀捐穀壹百零叁石柒斗捌升

四都社穀捐穀壹拾貳石貳斗伍升玖合陸勺

六都社穀捐穀玖拾貳石貳斗肆升

七都社穀捐穀玖拾柒石伍斗肆升

八都社穀捐穀叁拾貳石叁斗陸升

以上七處未建倉厫共捐穀玖百貳拾捌石壹斗肆升玖合陸勺

通共社穀叁千零捌拾陸石伍斗零捌合伍勺各處

捐戶錢穀經理董事俱已逐款造册酌議善後規

條通詳立案

坊表

國家以名節望天下而使里不登史不書非所以勸世也古者表厥宅里樹之風聲義在則然耳慶邑萬山之中前代頗有偉人于今不無貞操卽其行能事業彪炳仕籍霜守冰操蔚爲壼範者[illegible]志業已表之茲無論在籍在邑及前志所未及載者悉登之新志以垂永久俾後之覽者得有所興起焉其爲世勸深矣

仰聖坊

希賢坊在舊學前

承流坊

宣化坊俱在縣北布政分司前並廢

肅政坊

澄清坊俱在按察分司前並廢

貞肅坊

甸宣坊俱縣治府館前

迎恩坊在縣北郊知縣楊芝瑞重修今廢

肅民坊在社稷壇前

景星坊在上倉景星宮前

桂香坊在豐山門內

儒效坊在東隅安定橋首

絃歌坊在西隅

安順坊在就日門前舊名遺愛坊元至大二年建

宅相坊在下管福安橋首

雙桂坊爲宋天聖甲子科進士吴穀景祐甲戌科進士吴觳兄弟立在大濟

大理坊宋皇祐元年爲贈封吴縠父崇煦立在大濟

狀元坊爲宋大觀庚辰科狀元劉知新立舊在五都明嘉靖二十一年知縣程紹顯遷建縣治東崇正

十五年知縣楊芝瑞重建康熙二年知縣高麟重修乾隆六年知縣鄒儒重修三十五年燬

八行坊 爲宋政和壬辰科進士吳彥申立在縣南

桂香坊 爲宋政和壬辰科進士吳兢吳逵立在大濟

神童坊 爲宋尚書陳嘉猷立在九都竹口址存

尚書坊 爲宋紹興甲戌科陳嘉猷立在縣治西明知縣程紹顏建崇正十五年知縣楊芝瑞重建康熙二年知縣高麟重修乾隆六年知縣鄒儒重修三十五年燬

進士坊 在竹口明知縣董大本爲宋進士給事中王應麟立

擢秀坊 爲明永樂甲子科舉人葉祥立在縣治西所前巷口隆慶二年火孫珦重建順治五年燬[illegible]址存

登雲坊爲明永樂庚子科舉人趙樞立在六都今廢

登科坊爲明永樂庚子科舉人吳仲賢立在三都陂村

步蟾坊爲明永樂癸卯科舉人吳源立

奎光坊爲明正統辛酉科舉人鄭熊立在縣西水門隆慶二年火

義民坊爲輸粟賑饑葉仲儀立在北門外明正統七年建

恩榮坊爲義民周公泰立明正統七年建嘉靖四十一年燬于寇隆慶四年孫周軾重建在周墩乾隆五十年火

義民坊爲義民吳彥恭立明正統七年建在六都芸洲廢

百歲坊爲壽官葉仲林立在縣北門外

耆德坊在四都廢

繼賢坊爲明成化辛卯科舉人吳譽立在七都安溪

名登天府坊爲明宏治乙卯科舉人吳澤立在大濟崇禎十二年族孫吳廷亮廷殷四可等捐貲修理道光十二年族孫吳嘉裕墉邦鑾等合族重修

應宿坊爲連城縣知縣吳贊立在縣治北門知縣陳澤建

賢俊流芳坊在神力寺左明嘉靖四十三年署縣事通判周紳建列科貢姓氏隆慶二年爲洪水衝决

彩鳳呈祥坊在十二都大澤村後爲明嘉靖宿州同知吳禋立

崇儒坊明嘉靖十三年本府通判署縣事周紳以鄉多業儒因名一在大濟一在竹口

鴻臚坊明萬曆間爲誥封廸功郎吳儒立在大濟

皇都得意坊爲明萬曆壬午科舉人姚文湛立在後叚起鳳橋首

登瀛坊爲順治丁酉科順天中式舉人葉上選立在後叚善濟橋首

樂善好施坊在後叚安定橋首嘉慶十六年知縣鳴山奉

旨爲義民吳昌輿立

賢德坊爲朱侍郎胡紘妻氏立在四都久廢

貞節坊爲處州衛正千戶葉德善妻鮑氏立在北門橋首明洪武庚辰知縣胡叔義請建

貞節坊爲吳慶妻邱氏立在縣治後廢

詔旌完節坊爲監生吳化妻葉氏立明萬曆間建在大濟

一夕千秋坊在西街頭雍正十一年知縣徐義麟奉
旨爲儒童吳公望妻節孝周鸞姑立撥負郭官田一十六畝俾其孫永奉祭祀道光九年族孫吳顯宗獨出重金倡修

節孝坊在大濟雍正七年知縣徐義麟請
旨爲生員吳焜妻曾氏立

抱璞全真坊在後田雍正六年秋知縣徐義麟奉
旨爲故生員葉艮英妻葉門守節吳淑姬立

節烈坊乾隆四十八年知縣王恒奉
旨特旌一在四都璣岱後爲吳茂旋妻葉氏立
一在九都後寮爲李大孫妻吳氏立

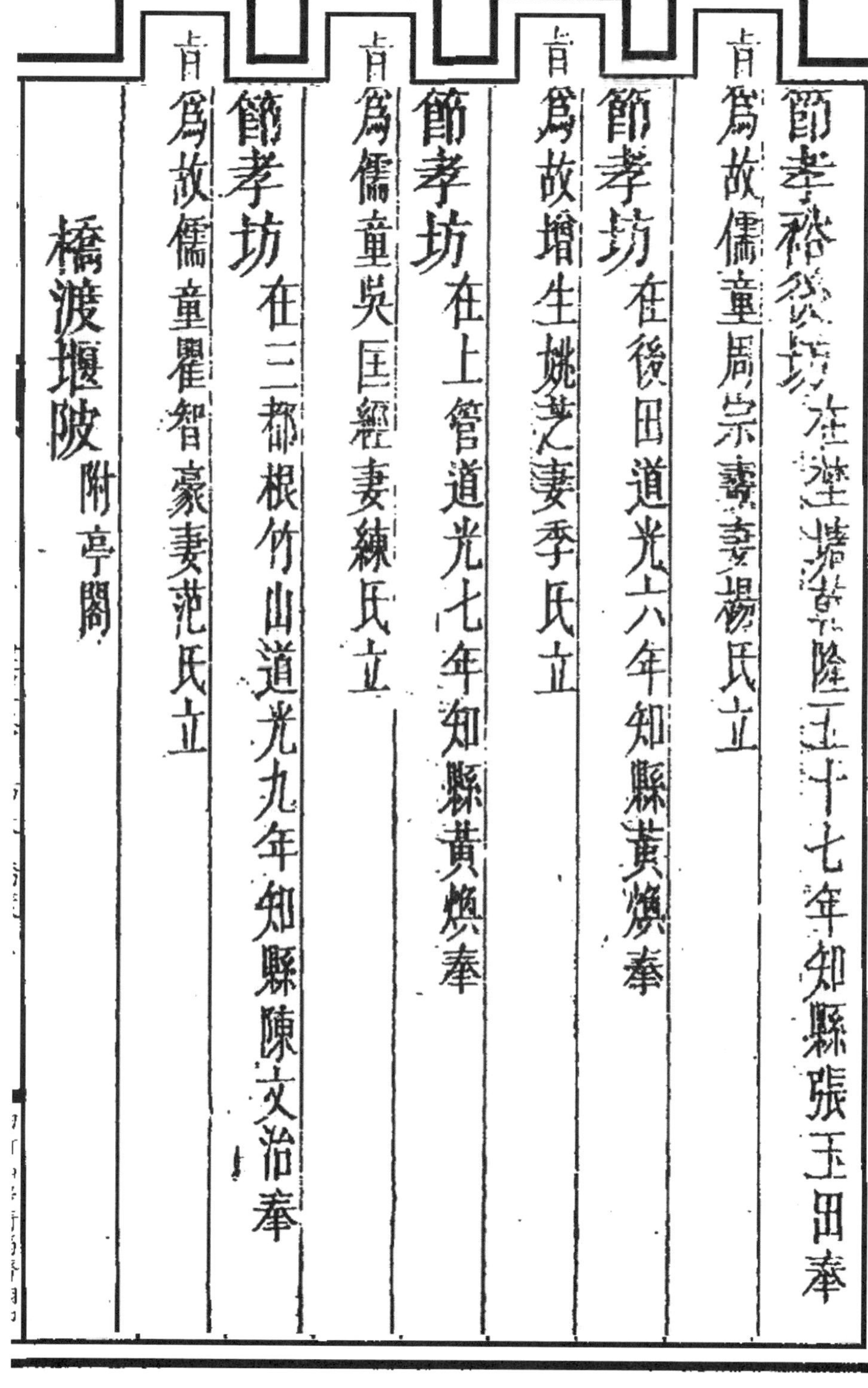

節孝裕發坊在塋塘乾隆五十七年知縣張玉田奉
旨爲故儒童周宗壽妻楊氏立

節孝坊在後田道光六年知縣黃煥奉
旨爲故增生姚芝之妻季氏立

節孝坊在上管道光七年知縣黃煥奉
旨爲儒童吳匡經妻練氏立

節孝坊在三都根竹山道光九年知縣陳文治奉
旨爲故儒童瞿智豪妻范氏立

橋渡堰陂 附亭閣

橋渡以通行旅堰陂以興水利皆王政之要務不容缺者慶邑導冢自東無長橋大河土人多畧杓以渡秋夏之交山水暴漲堰壞而橋隨之者亦往往而有益其地居上游奔流迅速勢所必至者鄉遂圖排民間築石成田其高下層級之處全賴山泉灌溉大溪之流不與焉官斯土者能因地制宜以時修築則民有攸賴矣

橋

賓龍口橋 豐山三門外嘉靖時築邑人線侯保捐石

仁養橋

光裕橋後田下葉祠門道光八年建

善濟橋後田元至正九年建明洪武三十五年邑人謝子隆重建崇正六年燬十八年邑人葉喬林葉裔彬葉上選倡建

起鳳橋後田萬歷間邑人姚文熠建

錫永橋乾隆四十四年里人衆建

安定橋後碓又名師公橋橋首安吳三公廟邑人胡仲輝建道光十二年本里庠生吳一麟捐修

天錫橋

尚義橋後碓嘉慶五年里人吳昌盛同紹祿建造捐入己田壹百把爲永遠經費

以上俱在縣東

興福橋薰阜門外嘉靖四十二年邑人姚汝仁募建

梟橋縣西二里

清隱橋縣西二里嘉靖三十一年知縣邢夢珂重建尋圮今止建草橋

尾窰橋縣西

以上皆在縣西

太平橋即杭橋在城西北門元至元十年火二十六年重建改名太平嘉靖二十五年築城橋毀四十三年知縣張應亮重建增開小水門改名水門橋崇禎間火作草橋嗣後屢遭水患旋圮旋修自乾隆三十二年至五十三年凡四毀邑人架木重修舊管土名坑尾田租五把道光十二年監生姚樹德從新獨

建並置入魏溪上源村下土名牛路田租貳拾五把
坐稅貳畝備資修造知縣吳綸彰有記載藝文

楊公橋雲龍門外爲衆水之滙形勝關於一邑元大德間達魯花赤于崇建於石龍寺門顏曰興賢明天順間壞知縣沈鶴因甃石爲梁名曰詠歸中構大觀亭嘉靖二十七年壞知縣朱芾重建未幾爲水漂流萬曆三年知縣沈維龍再建十六年四月朔燬於水崇正十五年知縣楊芝瑞建中有補天閣小蓬萊雙虹架於左右改名楊公橋邑人姚文宇助銀五百兩有記見藝文　順治五年左橋燬知縣鄭鳳位重建康熙八年左橋邑人余世球修右橋及閣邑人姚鐸重修年久傾圮僅留額楹半截乾隆十五年知縣鄧觀移其半於北門是爲北門橋

北門橋雲龍門外嘉靖十五年知縣陳澤建四十三年改建萬曆三年重建康熙三年災於水復建年久傾圮僅作草橋乾隆十五年知縣鄧觀拆楊公橋之半改建於此額曰登雲仍復興梁之舊五十三年

典史蕭敦禮借紳士重修置買五都坂換土名水車田段內干租伍拾伍把文昌閣下官巖頭段內水租貳拾把首事設立簿書分班管理每年六月初二日公衆面算租價若干或應修葺或存買田毋許借放滋弊立碑於橋以垂永久嘉慶十五年遭毀十七年將田租貯貲重建道光二年置買官陂頭段內水租拾把道光十年又買大坂洋土名山下龔又名尾窖下水租五拾貳把以上共干租伍拾伍把水租捌拾貳把永爲此橋修葺買田之需所有新舊田契田領糧單一併粘簿交與經理董事掌管厥功良不淺云

有碑記

見藝文

角門橋 即程公橋爲衆水之滙獅象兩山聳立南北爲邑關鎖康熙九年知縣程維伊從父老請捐資鼎建民無病涉顏曰程公橋有記見藝文後廢於水乾隆二十七年慈照寺僧達一募建橋左建觀音堂今橋廢於舊址下建草橋與象龜玩月二橋共名三義置買水田一段坐魏溪猪背坑土名黃甕并庵基

及處壇共大坵肆拾貳把一土名黃龍老山塲壹處其山并田俱首事管理以備修葺

護龍橋 神力寺前嘉慶八年邑人吳昌興獨緣建造捐入已田四十把以備修葺

祝家洋橋 又名上橋久廢

以上皆在縣北

攀龍橋 隆慶二年里人吳道揆建萬歷三十六年子倖重建康熙二年孫麗明王眷王賓王鐘等重修

雙門橋 以吳穀吳轂兄弟聯登監兩門於橋側故名里人葉塢倡首重建隆慶元年吳道揆重修

甫田橋 始建於宋至明萬歷間里人吳起蛟吳廷殷重修順治十八年吳世臣吳銓臣吳貞臣等重修道光七年吳墉吳邦鑾吳庠喜捐修

後堂橋 宋時始建明崇正間里人陳箴吳康民等重修

福安橋小濟里人劉可達建

以上俱在下管

駟馬橋

領恩橋舉人吳仲信建

登雲橋里人吳子深建

步蟾橋一名步月永樂間里人吳子輿建

跨龍橋隆慶二年里人吳維俊募建

來鳳橋

如龍橋

瀠根橋

丁埠橋

儔山橋

步雲橋

白雲橋

石龍橋 魚川邑庠吳瑩
吳廷魁等捐建

南洋橋 東溪邑人吳振
蘭吳瑩等募建

外洋橋 東溪邑人吳榮
星吳瑩等募建

茶洋橋 西溪

繼善橋嶺頭嘉慶二十五年胡姓建

楊家庄橋里人吳善友派下衆建

以上俱在上管

新坑橋周墩嘉靖三十三年修續邑人周琯重建嘉慶五年邑人吳昌興募建捐入田五十把

上洋橋周墩嘉慶間邑人衆建

外橋應嶺尾水壞邑人胡崇芳獨緣築建

蘭溪橋橋下有潭相傳蘭溪人見羣峯拱揖四水歸堂偷葬於此其地遂名蘭溪明萬歷二年邑人謝子隆吳豐等募建　乾隆四十八年洪水衝壞里人吳星海重新募建

濛淤橋元至元間建久廢明嘉靖五年邑人葉亨重建後壞於水嘉慶十四年邑人吳昌興倡建

五大保橋嘉靖間葉仲珊建

遂口橋五大保道光九年張禮備張義云張義炎等倡建

樂善橋五大保道光九年邑人吳日章獨建

黃連橋

亭利橋嘉慶丁巳年重建

林草坑橋嘉靖間邑人葉亭建。乾隆五十一年里人吳春行等捐修

榅坳橋嘉靖間邑人葉憲建

外村橋嘉靖三十九年邑人吳仁忠募建

官局橋嘉靖間邑人葉繁建

梅樹嶺尾橋

黃水長橋乾隆十九年邑人吳春廣倡建

夾金橋賢良水尾乾隆三十年衆建

長生橋石板倉嘉慶十八年衆建

濟安橋瀏池慶景接壤之處里人周長廣周長楮等倡建

東坑橋順治十四年建

西坑橋嘉慶二十一年邑人捐建

轉水橋北坑

青草橋

交龍橋康熙年間里人衆建

雙關橋黄皮

昌文橋渠洋

南溪橋渠洋嘉慶二十五年邑人張子發獨建

會龍橋齋郎

接龍橋齋郎

斜溪橋楓樹坪

護龍橋岩下里人葉堃坤等倡建

大洪橋

接龍橋荷地

金蝦橋 黃沙

迴龍橋 潦面里人范彦友嗣孫倡建

接龍橋 櫧坑里人葉辛七嗣孫倡建

承善橋 底墅里人吳思醇等倡建

永興橋 三堆

平川橋 蛤湖

聚秀橋 蛤湖

高興橋 蛤湖

仙洞橋

嶺尾橋

滌川橋滌下

文閣橋高侸

順天橋岱根道光十二年重建

以上俱在二一都

雙坑橋

余地橋

觀洋橋

蘇麻橋

五石橋陳村里人吳佐源等建

新亭橋塘根嘉慶十一年砌石成橋邑人吳登雲倡建

濟南橋

小安橋乾隆四十九年建

以上俱在三都

滌上橋在四都

金村橋乾隆年間葉廷垣同村衆建置橋租一千餘把道光壬午年將田叚勒碑於村頭神廟中爲誌

朱村橋邑人劉廷堅建

畨塽橋又名下橋久廢

通濟橋番塢村對面嘉慶十七年諸叙州州判姚鸞砌石築建

象龜橋外村

玩月橋月山

以上俱在五都

武寧橋[illegible]

永安橋洪武四年吳德大建

芸洲橋一名普渡元大德九年建

安樂橋

石洋橋

坑里橋

垟里橋乾隆　年里人吳員餘順興等募修

庄頭橋道光十二年築建

以上俱在十六都

黄坑橋

福勝橋後均歷久傾圮道光二年周敬邠縣煥章出貲倡建

護隆橋張地

普渡橋李地嘉慶二十二年吳王松獨緣築建

文昌橋張地乾隆癸巳年建

太平橋張地

源尾橋

樟坑橋

隆宫橋

接龍橋 隆宫嘉慶十七年建

菱塘橋

逢橋

雙鳳橋 嘉慶二十一年邑人姚涵倡建

登瀛橋 嘉慶二十一年姚伯燿倡建

蒲潭橋 舊名十六龜橋

生水堂橋

張天橋

以上俱在七都

槎溪橋縣北二十里爲邑孔道宋淳熙間建覆屋三十七楹嘉靖四十三年知縣張應亮修萬歷二十二年壞于壑水知縣鄧建邦重建改名通濟橋縉雲鄭汝璧有記見藝文尋壞今止建草橋白嶺人王奇與捨田六十把以備修葺

赤坑橋掬水崇正間慶童建草橋尋壞嘉慶八年城東信女張葉氏獨建旋壞復修子貢生張秀挺捨入已田四十把永爲修葺之費

棘蘭橋萬歷三年知縣沈維龍建久廢

魯班橋永樂十一年邑人謝叔高重建

黄荊橋寨後坑洪武十八年建後壞永樂十六年邑人吳均平重建隆慶四年壞知縣朱芾重建後又壞建草橋　乾隆　年邑人吳　重修

寨後橋里人季文盛等建

卯龍橋在槎溪村尾嘉慶三年衆建

以上俱在八都

杜坑橋寨後嶺尾砌石成橋里人季上璧建

太平橋即新窑橋明萬歷四年壞五年知縣沈維龍命里人季珂督建　順治八年燬康熙元年復建至乾隆四十五年移建水尾里人季璉等增置橋租壹千餘觔又置買土名大小彎山場貳處以備修葺

白蓮橋黄墱成化間里人季存旺建

雙龍橋嘉靖間里人李勝宏建

西溪橋

下坑橋

阜梁橋永樂九年里人周喜初建嘉靖十一年本府通判周紳重建萬曆四年壞知縣洗維龍命楊呂項潤督建　順治間又壞竹口居民募建嘉慶十三年復推基址無存道光二年里人復建橋頭建立觀音堂有記

見藝文

雙溪橋竹口許汝明獨建

巖坑橋棘蘭均邑人吳濂建

嶺坤橋新窑嘉靖間里人吳簡建萬歷間知縣洗維龍重修

濶橋洪武間建尋壞於永承間邑人何得成重修

雙龍橋

路重橋

普渡橋卽後坑橋康熙十年知縣程維伊重建乾隆二十六年里人重修貢生吳德訓題額道光五年監生吳恒憲獨出重金倡建

安人橋里人洗旺蔭倡建

福陞橋上坑道光八年村人捐建

雙坑橋山岱李光平建

以上俱在九都

沙板橋洪武間里人陳永三建

下店橋永樂間里人賴彥銘建

查洋橋陳邊元至正間建後燬嘉慶二十三年里人復建

順興橋陳邊里人蔡朝璿建

項源橋蔡仲龍建

李村橋

黄潭橋栢渡口道光元年里人沈國棟重修

附鳳橋栢渡口隆慶元年邑人吳秋建

普渡橋里人吳經訓偒佛郎募建

福齡橋里人季頁增募建

豐巷橋蔡仲龍建

以上俱在十都。

范塢橋里人捐建

庄頭橋

廻龍橋一在槐源里人吳邦勳等建一在下塢里人蔡天星獨建

下庄橋嘉慶年間宏源監生毛鳳鏘砌石築建

播古橋丁源里人衆建

會溪橋在高陽丁源村人倡建庠生張紹樑獨砌橋頭大路壹百陸拾餘丈

何源橋 蔡邵楳獨修築建

高源橋 上源乾隆年間建道光七年重修

泰興橋 下塢里人蔡天星建

以上俱在十一都

楓樹橋 元延祐間建久廢乾隆年間里人吳大榮僧心明等重修

長洋橋

葛田橋 元至正間建

頭陀峽橋 洪武間建

關門橋

觀音橋

連鰲橋

濟世橋　里人德陽建

攀龍橋　龍邑王三官建

栢渡橋　盛會建

復興橋　姚村里人捐建

龍安橋　姚村里人捐建

龍會橋　姚村里人捐建

烏瘦嶺下橋　姚村里人邵安仁、邵體仁重築。道光十年并砌石步貳百餘丈

樂善橋白象沈子光等

仁安橋沈承隆獨緣築建

以上俱在十二都

渡

石龍渡縣北石龍潭明崇正十五年知縣楊芝瑞建橋康熙二十五年橋壞於水雍正十年知縣徐羲麟造船爲渡勸邑人輸田爲管渡工食籌善後計嘉慶元年邑人周墻壁請將所墾中央淤熟田六石二斗爲渡田

後田渡縣東關外水勢迅急橋成即圮乾隆二十年知縣徐幾麟造置渡船行人便之時邑人胡金鼎捐山根田一畝三分土名石磧坵姚大爵捐大坂洋田二畝五分土名蔡頭姚天球捐學後田一畝八分坐

屋傍大路後永圳吳公官捐學後田九分坐上洋爲兩渡永遠經費

二都田坑渡聖人捐置

五都渡縣北十里岸濶流迅雍正九年村人吳錫泰等募造渡船今改爲橋

堰

趙公堰郎周墩堰障蓋竹濛淤二溪水入周墩上洋塽穿古樓廟下過柿兒村合下灘濟川二水灌東鄉田四十餘頃明知縣曾壽築崇正間壞知縣楊芝瑞復築又壞今惟官陂尚存冬夏有水堰廢不用

司後堰在布政司後久廢

城內官堰萬歷七年知縣陳九功謚慶相其陰陽開渠引水於西門外里許築壩水由西城入環繞東北城腳而出歷久阻塞壩壞乾隆十六年知縣鄧觀以城中堰水可培地脈可防火患捐俸倡築永壩疏通亦道二十二年知縣陳春芳斷將楊家樓官田平租七十把歸與管堰人口食戶圖佃人地糧分肥

田租水道仍塞道光四年知縣黃煥論邁水堰邑人捐貲疏淪並將楊家樓田照案歸管其田一段土名菖蒲洋計租陸把一段五嶺坑租陸把一段高坂貳把一段英坑洋伍把水澗洋伍把一段寮前租貳把一段欄路下租貳把一段外車岱租伍把一段深渡租拾把共計實租肆拾叁把四年邑人增置吳積純南門外土名塘園田大租貳拾把稅壹畝陸分又買王自傳東門外土名大坂洋墩上田大租壹拾貳把坐稅壹畝零捌釐共計城鄉堰租柒拾伍把擇人管理毋使壅塞以垂久遠

陂

官陂在邑上游因趙公堰壞障濟川下難二澗水灌大坂洋田四十餘頃俗稱官陂耕者德之趙公堰遂塞不用道光十四年水流二十五年吳頤洹等捐修

後姚陂

謝家陂

新碓陂俱在縣東

潭頭陂在縣北石龍潭下

小濟陂一都

村頭陂

中村陂三都

柹兒陂周墩俱在二都

山邊陂

中陂竹坑俱在四都

朱村陂在五都邑令曾壽築乾隆丁亥推圳塞嘉慶壬戌葉旭祥張貴達等復濬按租捐置田畝年加障理

長田陂在六都

溪北陂在八都

溪頭陂

黄壇陂俱在九都新窑

潘衕陂九都新亭

田邊陂

伏田陂

獨石陂

後坑陂竹口俱在九都

梧渡陂

大澤陂俱在十二都

亭

勸農亭豐山門外大坂洋今廢詩見藝文

迎春亭後田安定橋前

褒封亭明萬歷四十一年，爲葉自立任天津右衛經歷九載考最褒封其父愛軒建。順治十七年燬。康熙五年，邑人姚鐸捐貲重建，夏月煮茶以爲行人遊息。詩見藝文

鳳舞亭後田石华前詩見藝文

一源鎖脈亭郎登俊坊後田街里人衆建　以上縣東

百武亭縣南一里

接官亭

豐樂亭郎問仙亭詩見藝文

繼善亭祝家洋邑人葉邦憲建記見藝文　以上縣北

拱秀亭嘉慶四年吴邦鑾獨建道光十一年重修

護龍亭嘉慶五年吴芝森捐貲獨建

憩雲亭詩見藝文

翠微亭詩見藝文

來鶴亭詩見藝文

山坳亭

濟源亭

白鶴堰亭嚴煥欽妻葉氏建

墩根亭嘉慶十七年吴昌典重修以上俱在下管

半嶺亭嘉慶十八年周增孝建

嶺頭亭乾隆五十一年周榮舉建

白雲亭

清泉亭

尊光亭嘉慶九年吳昌與修

觀幽亭

聽鹿亭詩見藝文

少憩亭

桂香亭

步月亭

總煥亭

甘谷亭

洋溪亭

望月亭嘉慶戊寅上管介賓吳先權獨建

巍壽亭以上俱在上管

新坑亭嘉慶五年募建

柿兒亭今廢

周墩茶亭

脚跡亭嘉慶十年吳元翰建

應嶺亭邑人余標余槐同建

映壁亭嘉慶十一年吳元翰妻葉氏建

上洋亭 詩見藝文

天師坳亭 道光三年吳昌興建

濛洲亭 乾隆十四年里人張啟璣建

濛淤茶亭 道光十一年周永福建併捐入巳田土名瀨墱租肆拾把永為茶火之需

石馬亭

洋心亭

南坑口亭 道光五年建

八角亭 康熙二十八年里人張增玉募建乾隆三十九年張仁栢募修

水匯亭 乾隆四十二年里人張從翰建

東闗亭里人吳日才建

西坑亭嘉慶二十一年邑人捐建

巖嶺亭里人張從任募建

金墩亭里人林春球建

頂豐亭林以坤妻吳氏建

青松亭蔡川

備風亭新村衆建

步雲亭里人吳兆欽建

加豐亭岩下

五社亭蔡川

五大保茶亭乾隆五十一年葉發艮倡建

蓮花亭賢艮乾隆丁丑年葉華新獨建

上馬亭賢艮

半邊亭賢艮

岱頭亭賢艮

叠木洋亭賢艮

漈頭均亭黄壇

松嶺亭石板倉

護龍亭二都南洋道光乙酉年舉建

快齋亭二都南洋

湖答亭二都南洋

清風亭二都南洋

新樂亭南洋乾隆五十一年衆建

喫水亭乾隆四十一年張賛總建

青草亭

獅仔亭大洪

繁息亭邑人吳其玉募建

望遠亭邑人吳星海募建

由義亭在喜鵲坳嘉慶六年邑人姚匡建另屋三楹着人住守并捨入田一段水口洋土名橫山後大租壹拾把一段盖竹坳根土名外洋石岩下平租骨皮共陸拾把二段共坐稅叁畝玖分八釐以爲茶火之需

以上二一都

西山亭詩見藝文

鷺鷀坳亭邑人吳元瀚建

步雲亭里人姚伯耀建

世美亭磨手嶺頭道光七年邑人姚園建並置茶田捌拾把合稅柒畝坐落嶺頭土名亭下記見藝文

彰善亭磨手嶺尾道光七年姚園重修

新嶺亭

下庄亭里人吳士武建

赤搏嶺亭里人吳秉夏建

派石亭邑人姚自養建詩見藝文

烏石亭詩見藝文

翁山亭江西范協章建以上三都

蕉坑亭邑人吳德深建

竹坳亭

接龍亭飯甑甕嶺

種德亭深烏嶺周翰才重修

黃田亭道光五年後建以上四都

五都茶亭奉鄒八公撥入坂塊鋪門洑田壹拾把乾隆四十八年重修里人劉開基捐入土名青坑橋租五把陂蓬湖租五把邑人真玉圭劉德滿倡捐同五都金村衆等將捐項除建造茶亭外餘資置買本

村土名車尾租四拾把又上淤土名缸鉢窖坑下租肆拾柒把永爲茶火之需道光十二年於亭後砌築石墈建造後堂

積善亭　畬塅村對面嘉慶十七年議叙洲判姚鸞建

護蔭亭　以上五都

洋里亭

芸洲茶亭

龜亭

昌後亭　夏炳甆建

福興亭　夏炳甆建

九曲嶺亭范雜秀范維璉倡建

仙人亭范雜秀范維璉倡建 以上六都

八角亭詩見藝文

水尾亭何山頭嘉慶十一年吳王裕獨建

中村亭里人周之德募建

插花亭以上七都

迎恩亭在樟灘嘉慶元年知縣魏夔龍倡建

横磜亭

慶豐亭里人方建賢倡建

冷水亭里人李燻重建詩見藝文

掬水亭 詩見藝文

明碧亭 詩見藝文

漸閣亭 范維秀范維連建道光八年寧鄉長邦基重修復於亭後豎屋三楹並置入閣土名雙坑口上下三段共租陸拾把以爲茶火之需 以上八都

山後嶺頭亭 山後嶺上建亭屋三楹亭之後另屋三楹祀觀音像乾隆乙亥年里人季上機等請邑令羅岳瑛斷除吳本裁陞山根廟前官淤田額外將溢田分斷陸拾把又季上機捐攤窑村土名大路亭下大租貳石給照募人任守者煮茶以垂永遠行人便之

半嶺亭 山後坑里人吳文華建

旌善亭 里人季世然建

長秋亭 里人季上璧建

大觀亭 在竹口水尾郎伏石亭道光八年燬九年里人復建

積善亭 本里庠生吳濬建

聽泉亭 里人楊德華建

正祥亭 里人許煌建

樂善亭 道光元年里人吳恒憲建并甃路至後坑橋五百餘丈以上九都

新亭

正均亭 中濟賴沈氏能娘獨建

五里林亭

樂善亭 十一都上濟吳應元助建

烏塘亭

俊坑茶亭

衆慶亭 里人吳經訓楊佛郎募建 以上十都

合志亭 邑人葉增芳周蓮金同建

壽嶺亭

黃畬亭 邑人蔡朝藩建

山窽亭 邑人蔡天星建

安良亭 邑人蔡元達建

傳興亭 道光五年邑人葉邦馨建亭內豎[illegible]二極飛翻音佛像并置入田土名打鼓濶租給茶[illegible][illegible]山塲壹處土名岡嶺頭以埀永久 以上十一都

闗門坳茶亭 吳大榮偕心明募建

適情亭 邑人葉增芳建

祈福亭

福興茶亭 在大澤

榮興亭 里人劉倫生募建

迴龍亭 吳氏衆建

蚊虫會亭 里人蔡文瑛獨建

裕後亭 李村道光二年邑人蔡朝梁建

慶善亭 姚村嘉慶十年里人邵文元建 以上十二都

閣

文昌閣一在大濟萬歷三十六年里人吳倖倡建詩見藝文　一在舉溪康熙元年里人吳如公倡建嘉慶二十三年吳念祖等捐修　一在竹口乾隆二十二年建道光十年重修　一在二都蛤湖嘉慶四年建　一在八都槎溪法會寺後嘉慶六年知縣魏藝龍倡建

太士閣一石龍山中明天啟四年知縣樊鑑建詩見藝文　一在西門外三都磨手嶺頭道光七年邑人姚圍建記見藝文

松楓閣二都南洋慶五年建

準提閣在四都黃堂關下久廢　一在竹口關帝廟後乾隆二十七年把里人平建三楹

觀音閣豐山門外久廢　一在上管　一在六都芸洲

塔

文明塔 峯溪梅花嶺巔康熙元年吳知縣公詔建塔下環栽梅柳掩映鬭麗別一洞天

賑䘏

維天地有天閼之氣故在人有鰥寡孤獨疲癃殘疾之民其生也不能自爲食其歿也不甘委諸壑討額授粮埍地埋骼亦哀我瘠人澤及枯骨之仁政與

養濟院 又名存䘏舊在縣治東隅上倉明嘉靖十四年知縣陳澤賀價築城改建縣北石龍寺左崇正十六年知縣陰佑宗重建乾隆六十年知縣戈廷楠重修道光十二年知縣吳綸彰重修

育嬰堂 在縣治東埜塘巷口道光二年知縣樂韶建

漏澤園 一在社稷壇右萬歷元年知縣勞銘奏置 一在濟川門外大濟嶺里人吳倖葉自芳同捨置 一在豐山門外光面山里人葉珠捨置 一在薰旱門外尨窑山 一在安定橋上官陂頭里人葉京捨置 一在四都鐵山廟里人葉銘捨置 一在城內上倉樟樹坪里人吳鼎之捨置 一在竹口西北去竹口里許 一在竹口東南伏石關下去竹口數武

補遺廟祠橋渡

隆安廟在九都竹口村明成化年間建主祀陳五官侯玉廟祠門已經載明因修理年月姓名未經備載故補列之嘉慶癸酉本里庠生許汝冠陳廷鈞蔡克元等將前許光彥捐入廟租壹拾餘碩公收積貯重新鼎建廟后復建聽松書院規模宏厰神像威靈嘉慶丁丑虎入村傷人村人患之邑令孫榮績致齋祈禱于五官侯王虎患遂息邑令鳴呂孫各獻匾額祀敬至今祈禱無不靈驗

五顯廟在十一都中村本里監生丁可富郭炳炎等首倡重修佛像煥然一新廟舊遺有田租貳拾餘碩一段土名高山一段仙后一段外塢雞母礱一段根竹山村土名碓下圳頭遞年合村擇日祭神報賽飲福二日四時香燈不絕

范氏家祠在七都坑口后倉范子川因無子獨力鼎建又捨田租陸百把與族人輪流值祭立碑于

祠以垂
永久

普渡橋在七都蔣坑村范子川獨緣築建

里地橋在七都蔣坑村范子川獨緣築建

思蘇橋在七都蔣坑村范子川獨緣築建

補刻橋渡

緦楓橋 在角門嶺建自道光二十二年置租六十六把土名五都豬貝坑黃鹿安着一段二溪棣狹安着司事生員周夢麟增生周以施庠生纖冠葉玉蔭沈尙郁沈尙胡周如谷李永藻吳開財吳進城十人

安溪橋 安溪道光二十年里人胡尙經胡秉陞胡其典倡建并募留香欄路數百餘丈

通濟橋 二都五賢良村道光二十一年葉姓衆建

麟趾橋 在周墩監生吳恆謙獨建

復興橋 二都五賢良村道光庚寅年葉姓修建

田坑茶亭 二都田坑村嘉慶丙子年建陳光壽葉作秀等後建

高崗亭 留香欄信女鄭氏仝男胡尚經建

練君獬祠 道光二十年建在東隅后田

狐石坑嶺 嶺上大路久已坍毀，道光二十三年上村吳光和吳理財先出資財倡捐，不辭勞瘁，不辭嫌怨，修砌百有餘丈，行者歡聲滿道

濟嶺橋 十一都嶺根監生沈大權獨緣築建

崗根嶺 二都竹坪增生胡增輝倡修

飛鳳亭 七都桃坑耆賓葉美發獨建

慶元縣志卷之三

知慶元縣事吳綸彰重修

知慶元縣事宋　琛補刻

賦役志

土田　額徵　起運
存留　外賦　蠲恤

賦役為經費所出任土作貢歷代互有不同而要其取民有制不外租庸調三者而已慶自閩耿之變戶口凋敝田多荒蕪五行百產之精一似有衰無旺矣恭逢我

朝

列聖加意休養一切鹽筴里役芟除殆盡百五十年來戶

口漸繁而賦不加增猗歟

詔慶下而農有餘粟司民牧者體撫字之仁以行催科之

令全書具在不可不遵守也志賦役

土田

古聖王成賦中邦必别三壤慶爲巖疆乃楊州荒域地僻民稀討畝定稅往往有不均之嘆前明隆慶間區分六則其法最密民困始蘇蓋地有高下土有肥瘠依山阻澗相去不遠因前代

以酌其宜準土田以定其賦斯有得於錯上中下之意耳

大洋爲畈則附郭貳百肆拾步起實稅壹畝鄉畈則折實稅玖分

山礱爲礱則附郭貳百肆拾步折實稅捌分鄉礱則折實稅柒分

山塢爲塢則貳百肆拾步折實稅陸分

山邊爲排則貳百肆拾步折實稅伍分

溪邊爲沙則貳百肆拾步折實稅肆分

山岡坪爲岡則貳百肆拾步折實稅叁分

按康熙三年奉

旨令業人自行丈量縣官履畝復丈務使因田定稅因稅定賦時坊里姚文信吳元舉等連名具呈知縣程維伊俯循舊例詳請各憲批允恪照隆慶年間六則開丈在案康熙四年魚鱗冊成原額無缺詳覆藩司賦稅不虧今以所須之全書對前此之鱗冊其額徵仍無缺云

額徵

糧有多寡由乎地有廣狹慶廣袤百里平衍者什一崇複者什九水冽土瘠號稱最下但則壤

成賦自有定額謹錄原徵詳注損益額立

原額田壹千壹百貳拾叁頃伍拾玖畝肆分柒釐玖

毫 加乾隆貳拾捌年爲確查開報墾科事案內新

陞田柒畝壹分貳釐貳絲加乾隆叁拾捌年新

陞田壹畝肆分肆釐陸毫除雍正柒年爲

請定各省耕耤等事置買耤田肆畝玖分

實徵田壹千壹百貳拾叁頃陸拾叁畝壹分肆釐伍

毫貳絲 每畝徵銀捌分陸釐陸毫伍絲該銀玖千

柒百叁拾陸兩貳錢陸分陸釐伍毫叁絲

壹忽伍微捌塵 每畝徵米壹合柒勺捌抄壹撮

該米貳百石壹斗壹升捌合柒勺陸抄壹撮陸圭

壹粒貳黍嘉慶貳拾伍年知縣孫榮績爲田地被

坍照例請豁虛糧事案內坍沒田叁拾頃貳拾壹

畝壹釐除銀貳百陸拾壹兩柒錢柒分伍毫壹絲

陸忽伍微除米伍石叁斗捌升肆勺壹抄捌撮捌

圭壹粟　實徵田壹千玖拾叁頃肆拾貳畝壹分叁釐伍毫貳絲實徵銀玖千肆百柒拾肆兩肆錢玖分陸釐壹絲伍忽捌塵　實徵米壹百玖拾肆石柒斗叁升捌合叁勺肆抄貳撮柒圭玖粟壹粒貳黍

原額地伍頃貳拾叁畝柒分伍釐陸毫除雍正柒年為請定各省耕耤田案內置買壇基地貳畝

實徵地伍頃貳拾壹畝柒分伍釐陸毫每畝徵銀捌分該銀肆拾壹兩柒錢肆分肆毫捌絲嘉慶貳拾伍年為田地被坍照例請豁虛糧事案內坍沒地肆拾玖畝玖分玖釐除銀叁兩玖錢玖分玖釐貳毫　實徵地肆頃柒拾壹畝柒分陸釐陸毫　實徵銀叁拾柒兩柒錢肆分壹釐貳毫捌絲

原額山貳百頃陸畝伍分每畝徵銀壹釐叁毫該銀貳拾陸兩捌釐肆毫伍絲

原額塘壹拾柒畝伍分玖釐捌毫每畝徵銀[illegible]分叁釐貳[illegible]

該銀捌兩陸錢捌釐壹毫柒絲叁忽陸微嘉慶[illegible]拾伍年爲田地被坍請豁虛糧事案內坍設塘[illegible]拾伍畝陸分伍釐除銀壹兩壹錢肆分伍釐伍毫捌絲　實徵塘壹頃壹畝玖分肆釐捌毫　實徵銀柒兩肆錢陸分貳釐、伍毫玖絲叁忽陸微

原額人丁陸千肆百伍拾柒丁口伍分每口徵銀捌分玖釐伍毫

該銀伍百柒拾柒兩玖錢肆分陸釐貳毫伍絲嘉慶貳拾伍年坍沒田地塘免徵人丁壹百柒拾伍丁陸分伍釐叁毫陸絲叁忽除銀壹拾伍兩柒錢貳分玖毫玖絲玖忽捌微捌塵伍渺　實徵人丁陸千貳百捌拾壹丁捌分肆釐陸毫叁絲柒忽

實徵銀伍百陸拾貳兩貳錢貳分伍釐貳毫伍絲

壹微壹塵伍渺每丁原徵田地山塘銀壹兩伍錢貳分派人丁壹丁

已上原額田地山塘人丁等項額徵銀壹萬叁百玖拾兩伍錢陸分玖釐捌毫捌絲伍忽玖微捌塵額徵米貳百碩壹斗壹升捌合柒勺陸抄壹撮陸圭壹粒貳黍內除耤田壇基及加開墾新陞等項共徵銀壹萬叁百玖拾兩伍錢陸分玖釐捌毫捌絲伍忽壹微捌塵　除坍沒田地塘銀貳百捌拾貳兩陸錢叁分陸釐貳毫玖絲陸忽叁微捌塵伍渺實徵銀壹萬壹百柒兩玖錢叁分叁釐伍毫捌絲捌

忽柒微玖塵伍渺外賦外[illegible][illegible]顏料斯加銀柒拾貳兩柒錢壹分伍釐叁毫柒絲捌忽肆塵貳渺伍漠除坍沒銀壹錢肆分陸釐實徵銀柒拾貳兩伍錢陸分玖釐叁毫柒絲捌忽肆塵貳渺伍漠加蠟茶顏料時價銀壹拾柒兩貳分柒釐玖絲伍忽陸微貳塵伍渺除坍沒銀肆錢肆分柒釐實徵銀壹拾伍兩伍錢肆分柒釐捌毫壹絲壹忽捌微柒塵伍渺藥材時價銀叁錢壹分壹釐肆毫捌忽叁微伍塵柒渺壹漠肆埃貳纖玖沙除坍沒銀捌釐實

徵銀叁錢叁釐肆毫捌忽叁微伍塵柒渺壹漠貳

纖玖沙加匠班銀玖兩玖錢柒分貳釐除抍没銀

貳錢柒分壹釐實徵銀玖兩柒錢壹釐加零積餘

米改徵銀壹錢壹分貳釐貳毫叁絲貳忽玖塵玖

渺通共

實徵銀壹萬肆百玖拾兩柒錢柒釐玖毫玖絲玖忽

叁微叁渺陸漠肆埃貳纖玖沙

共徵米貳百石壹斗壹升捌合柒勺陸抄壹撮陸圭

壹粒貳黍除抍没米伍石叁斗捌升肆勺壹抄捌

撮捌圭壹粟實徵米壹百玖拾肆石柒斗叁升捌合叁勺肆抄貳撮柒圭玖粟壹粒貳黍　內除零積餘米壹斗壹升貳合貳勺叁抄貳撮玖粟玖粒除坍沒米叁合實徵米壹斗玖合貳勺叁抄貳撮玖粟玖粒

實徵米貳百石陸合伍勺貳抄玖撮伍圭貳粒貳黍除坍沒米伍石叁斗柒升柒合肆勺壹抄捌撮捌圭壹粟實徵米壹百玖拾肆石陸斗貳升玖合壹勺壹抄陸圭玖粟貳粒貳黍每石實徵銀壹兩貳錢

外賦入地丁科徵本縣課鈔銀玖拾玖兩陸錢陸分叁釐肆毫肆絲係隨糧帶徵卽在地丁編徵之內又外賦不入地丁科徵薦新牙茶折價肆錢捌分

已上地丁漕米及各款併外賦通共實徵銀壹萬肆百玖拾壹兩壹錢捌分柒釐玖毫玖絲玖忽叁微叁渺陸漠肆埃貳纖玖沙　除耕沒銀貳百捌拾伍兩叁錢柒分叁釐貳毫玖絲陸忽叁微捌塵伍渺　實徵銀壹萬貳百伍兩捌錢壹分肆釐柒毫

貳忽玖微壹塵捌渺陸漠肆埃貳纖玖沙

遇閏加銀貳百玖拾兩肆錢捌分貳釐伍毫貳絲肆忽貳微肆塵肆渺陸漠貳埃捌纖肆沙　加閏

米壹拾伍石捌斗肆升叁合除坍没米肆斗貳升伍合玖勺　實徵米壹拾伍石肆斗壹升柒合壹勺　又驛站新加銀貳拾兩壹錢陸釐

遇共加閏銀叁百壹拾兩伍錢捌分捌釐伍毫貳絲肆忽貳微肆塵肆渺陸漠貳埃捌纖肆沙　除坍

没銀捌兩肆錢肆分捌　實徵銀叁百貳兩壹錢

肆分伍毫貳絲肆忽貳微肆塵肆渺陸漠貳埃捌纖肆沙內　起運地丁銀貳百貳拾兩玖錢捌分伍釐肆毫柒絲肆忽貳微肆塵肆渺陸漠貳埃捌纖肆沙

起運

治人者食於人惟正之[illegible][illegible][illegible]古[illegible]愈然起運不一有戶禮工各部款項有本[illegible]存留裁扣解部及[illegible]克兵餉改入解運等項悉照全書臚列彙解藩司以昭賦式之

戶部項下

本色顏料併加增時價及鋪墊攢解路費共銀肆拾陸兩柒錢貳釐肆毫柒絲貳忽叁微

改折顏料併加增時價及鋪墊攢解路費共銀壹百壹兩肆錢柒分貳釐陸毫捌絲伍忽柒塵伍渺

本色蠟茶併加增時價共銀捌兩貳錢貳分陸釐柒毫肆絲壹忽叁微柒塵伍渺

折色黃蠟併加增時價及路費共銀貳拾叁兩捌錢肆分叁釐伍毫伍絲肆忽壹微伍塵伍渺

折色牙茶併加增時價及路費共銀伍兩叁錢壹分

捌釐玖毫壹絲壹忽貳微叁塵柒渺伍漠

折色葉茶併加增時價及路費共銀叁兩伍分伍釐

捌毫壹絲捌忽壹微貳塵伍渺

已上顏料蠟茶銀壹百捌拾捌兩陸錢貳分壹毫捌

絲貳忽貳微陸塵柒渺伍漠除坍沒銀壹兩玖錢

柒分捌釐

實徵銀壹百捌拾陸兩陸錢肆分貳釐壹毫捌絲貳

忽貳微陸塵柒渺伍漠

折色併路費共銀壹千捌百玖拾貳兩伍錢叁分柒
釐肆毫捌絲柒微叁塵伍渺貳漠肆埃叁纖貳沙
新陞共銀柒錢肆分貳釐貳毫陸絲壹忽貳微叁塵

禮部項下

薦新芽茶折價併路費銀貳兩肆錢捌分
茯苓併津貼路費銀壹錢伍分陸釐伍毫叁忽玖微
柒塵伍渺貳漠壹埃柒纖壹沙
改折藥材併加增時價及津貼路費共銀陸錢伍分
壹毫壹絲肆忽叁微捌塵壹渺玖漠貳埃伍纖捌

沙其坍沒銀捌釐歸於起運地丁項下免征則本
欵每年仍解原數不入原徵科則於地丁項下每
兩科加捌毫柒絲入由单頒發征輸另欵解司彚
充餉用
折色併路費銀捌拾壹兩貳錢玖分柒釐貳毫肆絲
捌忽
工部戸下
折色併路費銀捌百壹拾兩柒錢陸分肆釐肆毫捌
絲柒微玖塵壹渺

匠班銀玖兩玖錢柒分貳釐

戸部舊編裁扣解部項下

順治九年裁雜項銀併路費共貳百陸拾伍兩陸錢

貳分陸釐伍毫陸絲壹忽柒微壹塵肆渺柒漠伍

埃陸纖捌沙

又續裁銀貳百貳拾壹兩陸錢

順治十二年裁傘扇銀捌兩

順治十三年漕運月糧叁分撥還軍儲銀貳百壹兩

貳錢柒分柒釐壹絲叁忽陸微肆塵伍渺肆漠

順治拾肆年裁雜項銀貳百叁兩貳分叁釐
又裁膳夫銀肆拾兩
又裁里馬銀捌兩
順治拾伍年裁優免銀貳百伍兩壹錢伍分壹釐捌毫
順治拾陸年裁官經費銀伍拾柒兩玖錢貳分
康熙元年裁吏書工食銀柒拾捌兩
又裁歲考心紅等銀肆兩玖釐伍毫
康熙貳年裁庫學書工食銀壹拾玖兩貳錢

康熙叁年裁齋夫銀叁拾陸兩

又裁訓導門子銀柒兩貳錢

康熙捌年裁驛站銀玖兩玖錢叁毫陸絲叁忽

康熙拾肆年裁雜項銀壹百壹拾伍兩貳錢捌分捌釐肆毫叁忽

又續裁銀肆拾伍兩柒錢貳分柒釐捌絲柒忽

康熙拾伍年裁雜項銀壹拾柒兩伍錢伍分貳釐貳毫

康熙拾陸年裁雜項銀壹拾壹兩叁錢陸分

康熙貳拾柒年裁減賫赴京路費銀叁拾叁兩肆錢
貳分
又裁雜項銀伍拾壹兩伍錢捌分肆釐貳毫伍絲
貳忽
康熙叁拾壹年裁驛站銀貳百壹拾玖兩伍錢肆分
貳釐捌毫捌絲壹忽肆微玖塵
康熙伍拾陸年裁表箋銀貳兩柒分陸釐伍毫
雍正叁年裁驛遞槽料銀陸兩陸錢捌分肆釐叁毫
叁絲陸忽

雍正陸年裁燈夫銀貳拾肆兩
雍正拾貳年裁民壯工食銀壹百伍拾陸兩
乾隆捌年裁民壯工食銀肆拾貳兩
乾隆拾貳年裁民壯工食銀叁拾兩
乾隆叁拾伍年裁𧂐蘭公館存兵工食銀貳拾兩
留充兵餉改起運項下
田地山銀陸百玖拾叁兩肆錢壹分柒釐玖毫玖
絲貳忽
兵餉銀貳千陸百貳拾貳兩肆錢壹分捌釐肆毫捌

絲陸忽壹微貳塵

糧道項下

淺船料銀壹百捌拾壹兩肆錢叁分柒釐伍毫

除坍没銀肆兩玖錢叁分伍釐　實徵銀壹百柒拾陸兩伍錢貳釐伍毫

貢具銀貳拾捌兩陸錢捌分貳釐柒毫捌絲陸忽柒微捌塵　除坍没銀柒錢捌分　實徵銀貳拾柒兩玖錢貳釐柒毫捌絲陸忽柒微捌塵

除坍没銀柒錢捌分　實徵銀貳拾柒兩玖錢貳

釐柒毫捌絲陸忽柒微捌塵

月糧柒分給軍銀肆百陸拾玖兩陸錢肆分陸釐叁毫陸絲伍忽壹微柒塵貳渺陸漠　除拼潑銀壹拾貳兩柒錢柒分伍釐　實徵銀肆百伍拾陸兩捌錢柒分壹釐叁毫陸絲伍忽壹微柒塵貳渺陸漠

已上共漕運銀陸百柒拾玖兩柒錢陸分陸釐陸毫伍絲壹忽玖微伍塵貳渺陸漠　除拼潑銀壹拾捌兩肆錢玖分　實徵銀陸百陸拾壹兩貳錢柒分陸釐陸毫伍絲壹忽玖微伍塵貳渺陸漠

布政司存留項下

解户役銀叁拾兩

戰船民六料銀貳拾叁兩捌錢伍分

以上遇閏共加銀貳百肆拾陸兩玖錢叁分捌釐伍

毫柒絲肆忽貳微肆塵肆渺陸漠貳埃捌纖肆沙

存留

存留項下官俸役糈祭祀賑郵皆出地丁支給

亦仍照全書各目開載經費定額併附加閏於

下

府縣經費項下

春秋祭祀銀壹百貳拾柒兩伍錢陸柒分

文廟香燭銀壹兩陸錢

關聖帝廟祭祀銀陸拾兩

邑厲壇米折銀陸兩

拜賀習儀香燭銀肆錢捌分

迎春芒神土牛春酒銀貳兩

本縣經費項下

知縣俸銀肆拾伍兩

門子工食銀壹拾貳兩

皂隸工食銀玖拾陸兩

馬快工食并置械銀壹百叁拾肆兩肆錢

民壯工食銀柒拾貳兩

禁卒工食銀肆拾捌兩

轎傘扇夫工食銀肆拾貳兩

庫子工食銀貳拾肆兩

斗級工食銀貳拾肆兩

舖司兵工食銀叁拾陸兩

看守公署門子工食銀陸兩

鋪司工食銀玖拾玖兩

通濟橋夫工食并修橋銀肆拾肆兩以上工食俱加閏

孤貧口糧柴布銀捌拾肆兩

囚糧銀叁拾陸兩

典史經費項下

典史俸銀叁拾壹兩伍錢貳分

門子工食銀陸兩

皂隸工食銀貳拾肆兩

馬夫工食銀陸兩以上工食俱加閏

儒學經費項下

諭訓俸銀共捌拾兩

齊夫工食銀叁拾陸兩

膳夫工食銀肆拾兩

廩糧銀陸拾肆兩

門子工食銀壹拾肆兩肆錢以上工食俱加閏

鄉飲酒禮銀陸兩

府縣歲貢旗扁銀伍兩肆錢

縣生員科舉路費銀叄拾伍兩貳錢捌分壹毫貳絲

捌忽

府生員科舉路費銀陸兩

會試舉人花紅銀叄兩伍錢貳毫捌絲

以上遇閏共加銀陸拾叄兩陸錢肆分玖釐玖毫伍

絲

外賦

學租銀壹拾陸兩陸錢叄分每年徵輸解司轉解學院賑給貧生之用

牙稅銀肆錢下則牙户壹名每名徵銀肆錢該徵前數另款解司完餉

契稅每買產銀壹兩徵稅銀叁分

牛稅每兩徵稅銀叁分

雜稅徵稅不等以上契牛雜稅三款歲無定額每年儘收儘解造報題銷另款解司充餉

蠲恤

蠲免賑恤王者之盛典我

朝

列聖相承鴻恩稠疊誠曠古所未有也舊志缺載今

查增叅補入以志慶民沾被無疆奕世不忘云

順治朝　二年六月奉

恩詔[illegible]丁[illegible]

遺餉[illegible]名買[illegible]額錢糧[illegible]

欠在民者亦盡[illegible]年拖欠五[illegible]

十一月奉

恩詔民七十以上者許一丁侍養[illegible]差徭八十以

上給與絹一疋綿一斤米一石肉十斤九十以上者

倍之十四年三月奉

恩詔貧民失業流落地方官賑卹全活至五百人以上者

紀錄千人以上者題請加級其鄉宦富民尚義出粟

全活貧民百人以上者地方官核實具奏分別旌勸

十八年正月奉

恩賞老民如五年例

康熙朝　十年奉

恩旨以虫災蠲免粮餉銀一千四百二十七兩有奇二十三年九月奉

恩詔用兵以來供應繁苦宜加恩恤二十四年所運漕粮免三分之二又十三年至二十二年拖欠漕項錢粮每年帶徵一半以免小民一時並徵之累二十六年

五月奉

恩詔十三年以後加增各項雜稅查明豁免二十七年十

月奉

恩詔二十八年地丁錢糧俱着蠲免民年七十八十九十

以上者給與絹綿米肉如順治十八年例三十年十

二月奉

上諭蠲免三十三年漕米四十一年三月

恩賞老民如二十七年例四十三年十月奉

上諭蠲免四十四年地丁四十七年四十八年五十年並

蠲免地丁銀如前數五十二年三月奉
上諭編審人丁但據康熙五十年丁册定爲常額續增人
丁永不加賦又給賞老民如四十二年例六十一年
亦如之
雍正朝　元年八月
恩賞老民如制七年十月奉
上諭本年額徵地丁屯餉錢粮蠲免十分之二十三年九
月十一日叠奉
恩詔給賞老民如康熙六十一年例

乾隆朝　十年正月奉
上諭蠲免十二年地丁錢糧三十五年正月奉
上諭蠲免三十七年地丁錢糧四十二年正月奉
上諭蠲免四十四年地丁錢糧五十五年正月奉
恩詔蠲免五十八年地丁錢糧六十年二月十五日奉
上諭蠲免五十八年以前節年積欠正耗十月初八日奉
上諭蠲免嘉慶元年地丁錢糧
嘉慶朝　元年　月奉
恩詔民七十以上者賜九品頂帶九十以上者七品頂帶

其餘絹綿米肉如康熙五十二年例十四年正月奉
恩賞老民查照元年例二十四年正月奉
上諭蠲免二十三年以前各省節年民欠正耗
恩賞老民如十四年例二十五年十月奉
恩詔查道光元年境内者耆年歲相符分别給與品級頂
帶如二十四年例

慶元縣志卷之四　知慶元縣事吳綸彰重修

知慶元縣事朱　琛補刻

學校志

學宮　位次　祭器　樂器　舞器

樂章　宸翰　諭訓　書籍　名宦

鄉賢　學田　書院　義學　射圃

古之教者家有塾黨有庠術有序既闢其地以居之又立之師以範之夫是以教成於上而澤流無窮也宋慶歷間詔天下州縣皆立學而慶之學始刱建於嘉泰之初嗣後遞修遞葺更張不一書院有志義塾

有書課士有期養士有膳凡學校中所應有者無不纖悉具備我

天國家興賢育士遠超漢唐

翰宸章以時訓飭爾多士躬逢

盛世漸被濯磨當身體力行毋自失爲學校中人可也

志學校

學宮

宮有殿廡聖靈棲焉牆高數仞禮器存焉廟貌偉然聖座巍然賢邑學十八廟恩敬固宜其丹雘

類加有修無已也

先師殿縣東豐山門外南向凡三楹前作三堦

露臺正殿前

兩廡各五間

戟門凡九間

泮池戟門前

櫺星門泮池前

屏門左右爲德配天地道貫古今牌坊

崇聖祠正殿後

名宦祠　戟門左

鄉賢祠　戟門右

土地祠　戟門左

明倫堂　正殿左朱晦翁書額

登雲橋　明倫堂前橋下爲池

道義門　登雲橋前凡五楹

儒學門　道義門前凡五間

忠孝祠　明倫堂左

訓導宅　明倫堂下左側康熙四年訓導周之瀚建今廢遷入城内詳見衙署

儒學舊在縣北瀆田上村宋慶元三年令富嘉謀建至元時燬洪武十四年知縣董大本改建於就日門外三十一年知縣羅士勉教諭宋飌建戟門兩廡櫺星門天順二年知縣張宜以地臨溪濕齋舍下濕復遷瀆田故址鄭師陳有記見藝文成化十年知縣余康建尊經閣嘉靖十年知縣鄭舉奉建啓聖祠於明倫堂後建敬一亭於啓聖祠東二十五年築城學在城外隘一澗水師生登謁稱艱隆慶二年知縣彭适教諭顧贊高生員吳巡等議改爲便上其事司府報可嗣任知

縣朱芾乃遷縣治東係總舖與吏宅中舍舊址郡人何鏜有記見藝文萬歷二十一年知縣周道長重修四十二年知縣郭際美見明堂隘陋屏牆外排列店房殊不壯觀捐俸三十兩復將生員陳夢霖新墾田租三百一把陞科便與衍慶等店基十一値開拓明堂左右豎儀備育英二坊崇正三年知縣陳國璧教諭胡若宏訓導賈應忠議遷上請改建今址捐俸買葉應遇張元鄧地不足更以萬壽庵右空地益之胡若宏有記見藝文順治十二年教諭駱起明建露臺於殿前康熙二年知縣高嶙鑒須

池於戟門外環築墻九十丈餘四年知縣程維伊捐俸修正殿九年復建東西二坊十一年訓導戚光朝修櫺星三門五十六年知縣王興泰增葺雍正五年知縣徐義麟教諭孫之騄重建明倫堂徐義麟有記見藝文乾隆三十七年知縣唐若瀛捐俸重修嘉慶十三年大水週圍墻垣冲坍廟宇傾欹十七年知縣鳴山捐修內外煥然一新

位次

三千七十之班名行著矣其後攀龍附鳳或見

知或聞知能闡揚道德表章聖學薪傳賴以不墜者亦得以次相附蓋尊之有名受之無愧云

爾

先師殿

孔子正位

四配

復聖顏子　述聖子思子

宗聖曾子　亞聖孟子

十二哲

閔子損　冉子雍　端木子賜　仲子由

卜子商　有子若乾隆三年陞

冉子耕　宰子予　冉子求　言子偃

顓孫子師　朱子熹康熙五十一年陞配

東廡先賢乾隆十八年奉文更定

蘧瑗　澹臺滅明　原憲　南宮适

商瞿　漆雕開　司馬耕　梁鱣

冉孺　伯虔　冉季　漆雕徒父

漆雕哆　公西赤　任不齊　公良孺

公肩定　鄡單　罕父黑　榮旂
左人郢　鄭國　元亢　廉潔
叔仲會　公西輿如　邽巽　陳亢
琴張　步叔乘　秦非　顏噲
顏何　縣亶　樂正克　萬章
周敦頤　程顥　邵雍

西廡先賢

林放　宓不齊　公冶長　公晳哀
高柴　樊須　商澤　巫馬施

顏辛 曹卹 公孫龍 秦商
顏高 壤駟赤 石作蜀 公夏首
后處 奚容蒧 顏祖 句井疆
秦祖 縣成 公祖句茲 燕伋
樂欬 狄黑 孔忠 公西蒧
顏之僕 施之常 申棖 左邱明
秦冉 牧皮 公都子 公孫丑
張載 程顥
東廡先儒

公羊高　伏勝　董仲舒　后蒼

杜子春　諸葛亮　王通　陸贄

范仲淹　歐陽修　楊時　羅從彥

李侗　呂祖謙　蔡沈　陳淳

魏了翁　王柏　趙復　許謙

吳澄　胡居仁　王守仁　羅欽順

黃道周　湯斌

西廡先儒

穀梁赤　高堂生　孔安國　毛萇

鄭康成　范甯　韓愈　胡瑗
司馬光　尹焞　胡安國　張栻
陸九淵　黃榦　眞德秀　何基
陳澔　金履祥　許衡　薛瑄
陳獻章　蔡清　呂坤　孫奇逢
劉宗周　陸隴其　文天祥

崇聖祠 雍正元年增封孔氏五世皆爲王爵改稱崇聖祠

肇聖王
裕聖王

詒聖王

昌聖王

啓聖王

配享

顔　路　　曾　點　　孔　鯉　　孟孫氏

從祀

程　珦　　朱　松　　蔡元定　　周輔成

張　廸

祭器樂器

先師孔子萬古一人也禮樂不備不可以祭然籩豆有等佾舞有數禮志所載已詳茲但於學中所現存者備而錄之以俾祭祀時有所考焉

祭器俱雍正八年學憲李公清植頒發之器

香鼎正殿巨鼎一

銅錫爵三十六

錫登一

錫鉶二十四

錫簠一十六

錫簋 一十六

錫壺鐏 五并錫杓六

錫雲雷鐏 一

錫籩 八十四

錫豆 八十四

中錫香爐 五

中錫燭臺 五對

小錫香爐 一十二

小錫燭臺 一十二對

錫花瓶一對

樂器

琴四張并絃

瑟二張并絃

簫四管并掛綫

笛四管并掛綫

笙四攢并掛綫

塤二箇并匣

篪二管并掛綫

鳳簫二排

搏拊二面

柷一座

敔一座

楹鼓一面

銅磬一十六懸并架

銅鐘一十六懸并架

舞器

舞杆并金龍首錨尾

翟籥二十四副

麾旛絳綾金龍旛一首并金龍首硃籤一枝

節二枝并金龍首硃籤二枝

樂章

春季　夾鍾爲宫倍應鍾起調

秋季　南吕爲宫仲吕起調

迎神　咸平

大哉孔子先覺先知與天地參萬世之師祥徵麟紱韵答金絲日月既揭乾坤清夷

初獻　寧平

予懷明德玉振金聲生民未有展也大成俎豆千古春
秋上丁清酒既載其香始升

亞獻　安平

式禮莫愆升堂再獻響協鼖鏞誠孚罍甗肅肅雍雍譽
髦斯彥禮陶樂淑相觀而善

終獻　景平

自古在昔先民有作皮弁祭菜於論思樂惟天牖民惟
聖時若彝倫攸敘至今木鐸

徹饌　咸平

先師有年祭則受福四海黌宫疇敢不肅禮成告徹毋
疏毋瀆樂所自生中原有菽
送神　咸平
凫繹峩峩洙泗洋洋景行行止流澤無疆聿昭祀事祀
事孔明化我蒸民育我膠庠
宸翰
先師殿額
聖祖仁皇帝御書　萬世師表
世宗憲皇帝御書　生民未有

高宗純皇帝御書　與天地參

仁宗睿皇帝御書　聖集大成

今上御書　聖協時中

謨訓

順治九年禮部題奉

欽依刊立卧碑置於明倫堂之左曉示生員

康熙四十二年

御製訓飭士子文頒行直省各學

雍正三年覆准士子誦習必早聞正論俾德性堅

定將

聖諭廣訓萬年諭

御製朋黨論頒發各省學政刊刻印刷齎送各學令詞鐸

之員朔望宣誦

乾隆五年十一月

頒發諭旨訓飭士子勒石學宮

乾隆二十四年十二月初五日内閣奉發正文體

上諭錄懸學政公署并各府州縣學明倫堂

頒貯書籍

御纂周易折中
欽定書經傳説
詩經傳説
春秋傳説
御製性理精義
御纂朱子全書
以上綾套書一籍，凡六部，十七套，共一百二十三
本，有套書一籍，數並同前。
欽定四書文

御製盛京賦

學政全書

册結式

明史

御批通鑑綱目

列祖列宗聖訓

上諭

御批資治綱目續編

平定金川碑摹

續增學政全書

御製平準噶爾碑摹

樂善堂全集定本

欽定鄉會墨

平定囘部　大學告成碑文

御纂周易述義

詩經折中

春秋直解

小學孝經忠經

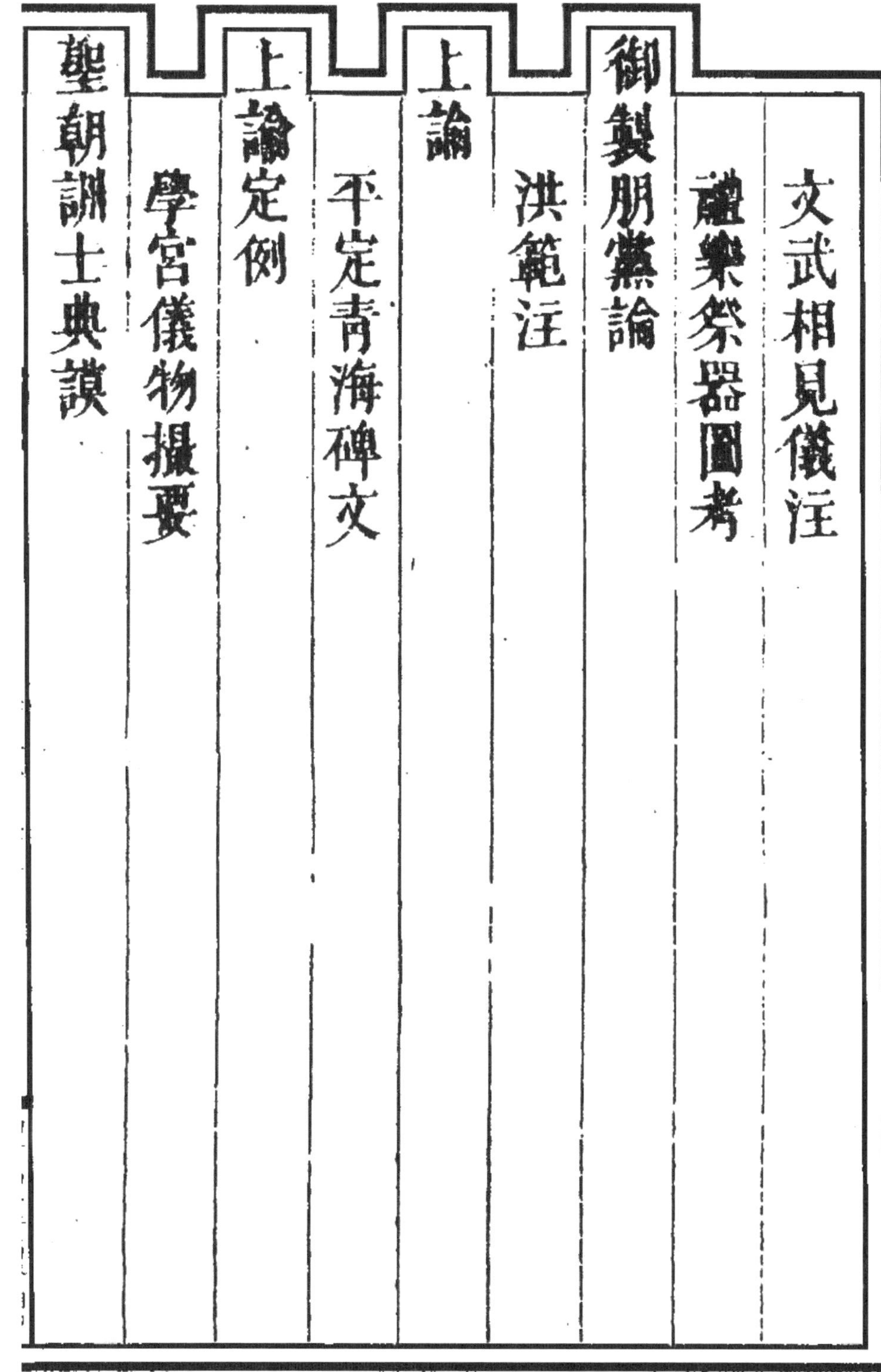

文武相見儀注

禮樂祭器圖考

御製朋黨論

洪範注

上論

平定青海碑文

上諭定例

學宮儀物撮要

聖朝訓士典謨

聖朝訓士典謨碑

御製詩文集

文職支食俸　康章程例册

聚珍板第一單齊計十種

聚珍板程式

儀禮識誤

易象意言

嶺表錄異

鄴中記

浩然齋雅談

澗泉日記

歲寒堂詩話

老子道德經

茶山集

御製詩三集

平定金川灉漢碑摹

聚珍版第二單書計十種

農桑輯要

海島算經

夏侯陽算經

傅子

絜齋毛詩經筵講義

帝範

禹貢指南

漢官舊儀

甕牖閒評

拙軒集

御製擬白居易新樂府一

新頒學政全書

御論

欽定文廟樂譜

御製補笙詩樂譜

臨雍

御論二篇

西魏書

丁憂起復則例

名宦鄉賢

先儒以下有能著治績明經義以自表見者是亦聖人之徒也馨香俎豆垂之不朽矣第自分慶以來入名宦者四人入鄉賢者僅二人外如王子應麟著述甚夥冰鑑如神尤光史冊乃不與焉非缺典歟用附數言記與論也

名宦

富嘉謀宋令　曾　壽　楊之瑞　沈維龍俱明知縣

范承謨　朱昌祚俱巡撫

徐　本大學士

郭世隆　李衛俱總督

鄉賢

吳兢宋處州通判　吳樞宋嘉興知縣

學田

府志云學之有田所以供士課脩葺也今慶之田類多隱没前人遺愛後人不得蒙庥惟望司鐸者釐而正之毋使實去名存則善矣

明隆慶三年遷學邑人吳道授督建仍入所買吳徃八七都桃坑田計鄉租肆百陸拾壹把郎捌拾叁碩叁斗

稅叁拾陸畝叁釐壹毫零遞年輸糧外納貯剩銀於縣庫以備修葺田坐處下韓捌拾陸把門下秧地及魚塘共壹拾把前洋兒壹拾柒把毛桃坳濟面叁拾陸把八畝頭壹拾壹把把炭山陸拾把南韓壹拾柒把毛桃坳貳拾捌把茶園上分叁拾壹把岩頭倉基及塘兒共肆把水碓內合得壹把熊坵陸拾貳把濟面段內合壹拾貳把三坑三十兒捌把三過兒陸把三坑屋後五把排兒新田合貳把茶園下分叁拾壹把嶺根韓貳拾把廟前壹拾把庵嶺乍叁把墓巒貳把水碓內合壹把

隆慶四年邑人吳安慶入所買寺田貳拾捌碩叁斗已田捌石壹斗五升俱屬九都陳龍溪計稅壹拾畝遞年輸納外貯剩本學以供月課茶餅等費立冊記查門前學頭

二坵五斗中坂郎門前六坵玖斗處下門前稗地七坵叁石五斗塘園桑坵會碁及糞房四坵壹石二斗山塢郎門前上半一十玖坵壹石捌斗半溪亭九坵貳石五斗處下田一十五坵壹石半山偏十四坵壹石叁斗楓樹後郎雙溪口五坵五斗五升竹林下郎黃泥坵三坵壹石門前竹林下九坵柒斗五升門前磐內二十一坵壹石四斗雙溪口龍井坑二坵貳斗沙糖崗四坵壹石七斗半溪柴鋪一十坵壹石叁斗排子坑中半分五坵貳斗陂後嶺三坵柒斗若洋坑七坵貳石金家門前郎黃泥坵一坵陸斗五升雙溪口捌坵五斗五升雙溪口郎門前三坵五斗高際十四坵五斗田邊十六坵壹石五斗油皂樹下八坵貳石貳斗雙溪口柒坵壹斗金荆埠頭十坵壹石柒斗柴鋪十坵壹石貳斗徐岡底二坵壹石貳斗下岱掘貳坵五斗石白岱坳四坵捌斗五升月坳九坵六斗月坳九坵肆斗田邊七坵五斗魚膠共十三坵壹石

萬歷五年邑人周時晃入所買十一都三圖槐源寺田

貳百肆拾壹碩陸斗除先年山崩荒蕪外實租貳百貳
拾柒碩陸斗稅壹頃捌畝叁分玖釐原貯竹口公館爲
本學濟貧月課等費申請大[illegible]
師姑塢郎處後山叁石
字心塢貳石五斗外山
叁石五斗高山前四石高塢翁玖石柒斗降弓彎壹
石五斗高畬礱五石勾稱柒石楚塘肆石高山際五
斗鄭基岡貳石高坂礦郎烏木畬肆石玖斗高山突
壹石高山十壹石麻竹塢叁石高山貳石旱塢叁石
東心塢肆石五斗烏木畬肆石五斗處隨貳石高山
下貳石五斗凹下貳石五斗凹岡叁石東庄五石五
斗十五礱五石五斗高山叁石高際郎壇腰壹石五
斗拗埏叁石東庄五石中心塢五石五斗新嶺頭壹
石畬畬礱壹石十五礱陸石五斗高坑壹石高坑陸
石坑長貳石麻川塢叁石勾稱柒石勾稱下郎高畬
礱陸石麻昌塢肆石師姑塢壹石五斗壇衙五石五
斗麻塢叁石麻車塢坤貳石五斗麻菖塢尾塅貳石

鄭塢岡壹石五斗壇頭嶺處前壹碩五斗東心塢上
石高山嶺邊捌斗高山際下壹石叉肆石直塅見七
石麻竹塢陸石五斗高樹上柒石處前柒斗燒香凸
肆石條隨岡叁石鸛鳥垅五斗下庄叁石五斗東庄
後五石李七塢五石處隨叁石五斗岩株
樹壹石處前壹石東庄郎坳後五石五斗

萬歷三十六年邑人王繼滔入所買吳寶上際民田肆
拾碩稅壹拾五畝[illegible]入本學以備修
葺橫塢低二畝壹[illegible]壹石五斗楠樹下壹
石五斗麻車塢壹石五斗[illegible]貳石五斗葉塢處
壇壹石五斗葉塢[illegible]五石[illegible]上叁石五斗
歸坂貳石橋頭貳石五斗[illegible]貳石五斗

書院

松源書院在西隅與賢坊舊爲府館荒頹幾廢明知縣
沈維龍以地僻隸業爲最幽命義民吳詔修

理額曰松源書院久廢

對峰書院 在登門山外文廟之左乾隆七年知縣鄒儒建又以公牘上郡守史其京里撥天寧慶寺田一頃八十畝後買民田壹百陸拾五挑爲諸生膏火之資五十年知縣王恒發莊因都賣田乎買民屋八值塘園一所伊發臣捷序學記見藝文今兩院俱廢二址均墾作田嘉慶十八年知縣端山以明倫堂前道義門舊址加建廳廨爲松源書院堂懸陶澍峯英區額二十三年知縣鄭正焯以入官銀兩置買民田柒拾挑租爲諸生膏火[illegible]詳見藝文道光四年下壹吳邑金等捐田貳拾挑土名平嶺頭計大小肆拾坵租稅一畝六分爲書院膏火之需

育英莊 城隍廟右康熙三年知縣程維伊建中祀文昌帝君堂前臨水架屋三楹後建樓一所工竣捐除鹽害碑下爲守莊者居焉每月朔望石邑弟子[illegible]課藝於其中童子亦得與試講學不倦[illegible]

故事復念慶士寒微資斧維艱往科多有不得入闈者捐俸買羅貴袓后田街尾塘圍一所稅壹畝貳分又買吳攀桂東門外大坂洋亭兒下大租肆拾把交昌閣洋山口大租叁拾把計稅陸畝叁分遞年擇長厚者收貯本莊除祀文昌完糧外每逢科舉年算積餘羨若干槩給文士佐省試會試路費按人均分人士感激奕世不替云

儲英莊 城北程公橋首康熙九年知縣程維伊捐水俸買葉馥然五都坂與橋頭大租肆拾肆把朱村湖大租貳拾陸把把翁處下大租貳拾把周塢大租貳拾把馱坑大租貳拾把門前秧墈叁把墓亭菴段內大租陸把山后大租壹拾把四畝頭大租陸把針工大租壹拾五把共計大租貳百把計稅壹拾陸畝遞年擇長厚者收貯除完糧外所有餘羨每科給文士佐省試會試資斧按人均分一如育英莊例後人附祀張公學書於育英莊祀程公於儲英莊今莊廢址存迎主合祀於育英莊之右而兩莊之田亦合收焉

後因年久弊生嘉慶十九年知縣呂璜捐籍召佃釐清田段租額更定規條併捐廉壹百兩置買田五十把土名田墈下及三級埠坐稅肆畝五分添入育儲二莊爲士子賓興費因爲刊勒碑記今將詳府條冊並田段租額附後記見藝文

一莊內田畝每年冬成收乾租叁百玖拾大把佃戶擔運縣倉內五都朱村共租貳百把離城較遠運食時官給腳價錢每把柒文永不增減

一每年三月初九暨冬至日祀張程兩前縣每祭禮書請給銀叁兩備辦祭品品有常數必誠必潔屆期本縣拈香　主祭科試壹等生員爲首事亦與祭焉禮成飲福

一每年上倉租穀至次春撥二月中旬糶價易紋銀貯庫逢鄉試之年赴試各生自諳儒學報明姓名至六月初十日爲正彙總後縣縣守將三年所積租銀提出拾兩留給鄉試武生餘銀按人數多寡均勻派分用庫平彈准固封標記各生到縣具領本縣親自撥名給發勿假手胥吏致有剋扣

一各生有領銀而不進場者除丁憂病故不追外其

有藉稱中途患病半路阻風因事羈遲不及入闈者均應追繳貯庫并入下科應用各生俱宜自愛慎勿含混自冒取追之累

一諸生有遷居他郡他邑以及捐監入場者一概不准給領以示區別

一武生路費先期報學移縣詳給悉照文生之例如無武生進場所存銀兩仍并入下科租息勻攤應用

一援貢生有赴朝考者每科於租息提給武生路費外再抽銀拾兩存候選拔之年以資北上路費其文武生有中式舉人進京會試者酌給租息壹年以助北上由縣中式先行墊發來春試易價歸款此係詳所未議及今因諸生乞請而補載於此

一慶邑離省窵遠路費較多統計叁年租息爲數尙屬無幾本縣現存庫平紋銀壹百兩寄交明經姚涵之手托候冬成置買田畝附入莊內以爲之倡所望好義者源源捐助俾得經費稍裕如人才日盛則幸矣

一佃戶姓名田租坐落均已造冊詳府有案今并附列於后以垂久遠

一段土名蔡處下大小三坵計乾租壹拾捌大把

一段土名縣坑壋九坵租貳拾

把又橋頭壩念肆坵租六把又中央淤一坵租肆把計三段共乾租叁拾大把一段土名燕個坵租捌把又土名四畝頭一坵租肆把二段共計乾租壹拾貳大把一段土名直工大小九坵計乾租壹拾陸大把一段土名山后一大坵計租九把又土名沙坵一小坵計租叁把二共乾租壹拾貳大把一段土名朱村湖共三坵計乾租貳拾陸大把一段土名坂與橋頭大小一十二坵計乾租陸拾五大把一段土名潒傍洋大小三坵計乾租叁拾大把一段土名鐵爐坵計二坵又土名猪足坵計一坵共計乾租肆拾大把一段小濟土名樟樹下一坵計乾拾五大把一段土名平坂洋大小八坵租二十五把又土名桶樹四大小二十坵租二十五把二段共乾租五十大把一段土名鐵爐坵一坵計乾租肆拾大把一段土名黄坳頭大小共計五坵又土名洋山口大小二坵共計乾租壹拾五大把一段土名久鵠大小拾坵計乾貳拾壹大把以上共額租叁百九拾大把正又前縣呂墳增置大坂洋土名墻垇下一坵租貳拾把又三級埠

一坵租叁拾把共計乾租五拾大把又嘉慶二十五年知縣孫榮績將二都玉泉廢庵大田租斷歸入育儲二英庄爲士子賓興之資

一段土名洋上計二坵折縣枋租柒把陸斗一段土名庵門墻圍內田七坵又土名庵基田貳坵又土名五大保嶺上一小坵又嶺尾一小坵又土名道門壜二小坵共五段折縣枋租柒把五斗半一段土名椿杵嶺邊大小五十六坵折縣枋租玖把半一段土名湖垃坵大小坵折縣枋租壹拾壹把一段土名尭窑垃大小三坵折縣枋租貳把半一段土名西坑屋基塘頭大小五坵折縣枋壹把一段土名茶林根又名和尚坵折縣枋壹把半一段土名半山段內合租折縣枋壹把一段土名蛟上段內合租折縣枋貳把半一段處下壜等段段內合租折縣枋壹把以上各段共計乾租叁拾柒把坐稅五畝壹分叁釐

儲賢莊

在竹口知縣程維伊建

義學

桂香社學　縣東上倉知縣勞銘[illegible]率邑人吳鍾捐建未竣續知縣沈維龍命工完之明萬歷二十七年邑人葉桂重建今廢

儒效社學　縣東隅明嘉靖邑人葉楷以己地捐建燬於寇楷復建今久廢

興賢社學　縣西大平橋東久廢

濟川社學　下倉明萬歷元年里人吳尚敏捐貲貿建今廢　道光六年復建

神童社學　九都竹口久廢

射圃　明萬歷五年知縣沈維龍議建瀆田舊學址因瀆田址爲演武場議未定萬歷三十一年知縣沈立敬勘擇北門外角門嶺田前後臨溪地勢寬平上請以瀆田演武場地給帖與邑人姚文焰對便角門嶺

毌爲演武場立射圃於布士子習射稱便四十六年學道蔡接查詳覆崇正十四年知縣楊芝瑞𢾗建演武場于豕歸橋下附建射圃於演武場東以角門田仍開墾入大平樓爲祭田

續捐育英儲英二莊田記

教諭 沈鏡源

慶邑處萬山中離省會神京窵遠凡士子赴鄉會試者倫嘗險阻往往艱於資斧前邑侯張程公倡設育英儲英二莊清田租入切培育人才之計以儲
國家登崇俊良之選意已深遠奈日久廢弛所入多被書吏侵漁以致寒士裹足不前殊覺寥寥良可慨也嘉慶癸酉歲邑侯呂公承郡守涂滄莊先生命經理公費以垂久遠爰按籍稽查履畝計稅得其租乾把凡三百有九十去納課輓輸祀神費外每歲餘金勒爲成書藏之

官司復捐氷俸增置田租五十把嘉慶庚辰孫邑侯斷歸田租叁十七把計三載所入較前稍爲充裕今國學吳君墉捐入田租二十二把茂才吳君恒鼎又捐入田租五十把呈縣備案以助公費二君之舉實足嘉惠士林心竊嘉之且卜其詩書裕後必有昌大其門者吾知善行既興人文亦振將自此鹿鳴宴瓊林者接踵而起步武前賢其澤孔長亦衆善士之功有足多焉余目覩盛事爰樂爲之記併爲之增議規條謹列於左道光壬辰

國學吳墉願將所買八都下吳村土名衙下段內田租二十二把坐税一畝九分八厘入育儲一莊以資

賓興之費　庠生吳恒晶願將所買南門外猫衙底土名犂尾坵田租四十把又柿兒村土名廟門處角頭段內田租十把共五十把坐稅四畝五分入育儲二莊以添賓興之費

以上育英儲英二莊共計實收大租五百肆拾九把乾每年按照　呂主詳憲規條二月中旬報價易紋貯庫以待科舉之年總算給發毋庸更議

一是銀於六月初十日赴學報名公集核羨三年租入積銀若干　恩科減半由學移縣支領每名各先給銀三兩以補路費餘銀包封交科試一等中誠實者二人攜帶至省俟三場畢後按名派給

一凡有在省生理或因官司未經報名鄉試願便進場者不准派給

一或有進頭場後實在患病不能終場及錯誤被貼者准其派給若故意推托不入不准表領

一是銀議於八月十六舉場後次日齊集公所照數孤領領分者不得遲延領皆不准先支以昭公平

一帶銀舉子其難其慎如有遺失自應賠償公議另抽洋拾元以酬賫帶勞費不得違數

一藩庫給發科舉銀兩務須邀齊各生一同協斗面領分散不得冒錯私領

以上數款皆　呂壬溪規所未及今恐積久弊生因復公集議定願有志青雲者各自重自愛毋蹈前轍以不負捐助者之美意而垂永久是所深望焉時在道光壬辰冬至前三日記

慶元縣志卷之五　知慶元縣事吳綸彰重修

知慶元縣事宋　琛補刻

禋祀志

壇壝　廟祠　邱墓

禮有五經莫重於祭先聖前賢教垂萬世山川社稷養贅一方與夫建功樹德之往哲以及捍災禦患之英靈並宜詳稽典故以昭肸蠁至施敬施哀俱資觀感周禮墓大夫隸春官雖非祀事亦是禮事故得以禮爲系而附諸其後志禋祀

壇壝
有人民斯有社稷靈沂向止祭之祀振古如茲矣
我
朝設耕耤以祀先農載諸會典他如一都一里樹之
木以爲田主例無可書概不攔入
社稷壇　雲龍門外半里許歲以春秋二仲上戊日
陳主而祭右社左稷題主曰縣社縣稷之神各用
幣一羊一豕一爵三登一鉶二簠二簋二籩四豆
四幣色用黑無樂祭畢藏主於城隍廟

風雲雷雨山川壇　濟川門外一里歲以春秋二仲

上巳日陳主而祭中為風雲雷雨左山川右城隍

用幣七色白牲犢[illegible]二之一爵三[illegible]鉶登簠簋

籩豆亦如之無樂瘞主亦同

先農壇　豐山門外雍正五年邑令李廷朱奉文置

買耤田壇基共六畝九分照式建造正房三間奉

先農神主中厲山氏左炎帝神農氏右后稷氏配

房二間擡門一座中築壇高二尺一寸周方二丈

五尺每年季春亥日致祭用羊一豕一爵三帛二

鉶一簠簋各二籩豆各四祭畢行耕耤禮知縣秉
耒凡九推典史執青箱播種農夫終畝歲以耕獲
所入易價備祭嘉慶二年知縣魏夔龍詳請重修十八年知縣鳴山復詳請修

邑厲壇　北郊外一里歲以清明中元十月朔致祭
先期二日告於城隍至期導城隍於壇無祀鬼神
位列壇下用羊三豕三果蔬各四米三石煮飯祭
畢給散孤貧

廟祠

凡廟祠宜並依載在祀典者錄入然亦有名宦

鄉賢既祀學宫之右而復别立專祠者有子孫家此建爲一姓宗祠者俱以時代爲次附入至有祈年報賽崇奉香火相沿已久去之反嫌駭俗今採其祀之近於正者列之亦神道設教之意耳

先師廟規制詳學校志歲以春秋二仲月上丁日脩其祀事

正位祭器坐爵三獻爵三登一鉶二簠簋各二籩豆各十俎三篚一祝版雲雷罇帛香鼎小香爐各一大花瓶大小灼臺各二祭物用犢一羊一豕一

太羹一和羹二黍稷稻粱形鹽槀魚鹿脯棗栗榛菱芡黑餅白餅韭葅醓醢芹葅鹿醢菁葅兎醢笋葅魚醢脾析豚拍

配位祭器東西各用坐爵二獻爵三簠二簋二籩八豆八牲盤二篚一壺罇配哲共一帛二祭物東西各用羊一豕二和羹二黍二稻二形鹽槀魚鹿脯棗栗榛菱芡韭葅醓醢芹葅鹿醢菁葅兎醢笋葅魚醢

哲位祭器東西各用坐爵十八獻爵三鉶十八簠一簋一籩八豆八牲盤二篚一帛每位各一祭物東西各帛羊一豕一黍

一稻一餘同配位　兩廡祭器東西共坐爵一百二十九各獻爵三中壇各簠一簋一籩四豆四牲盤二壺罇一帛一　邊壇每壇籩三豆三帛一　祭物東西各羊三豕三中壇黍稻𪎭栗形鹽鹿脯韭菹醯醢芹菹魚醢各邊壇黍稻粟魚醢餘並同中壇

崇聖祠規制見學校志　歲以春秋二仲上丁日致祭正位祭器坐爵五獻爵三鉶五簠簋各二籩豆各八牲盤二罇祝版尊帛各一　祭物羊一豕一　和羹五餘同

先師正位省黑餅白餅脾析豚胎　配位祭器東西各坐爵二獻爵三餘同兩廡祭物東西各羊一豕一和羹一黍稻形鹽鹿脯稾魚棗韭菹醓醢芹菹兎醢　從祀祭器坐爵東三西二獻爵各三簠簋各一籩豆各二牲盤各二帛各一祭物東西各羊一豕一和羹一黍稻形鹽稾魚韭菹菁菹

各官祠位次詳學校志祭用春秋二仲上丁日祭儀羊一豕一籩豆各四祭文惟神昔蒞茲土區畫周詳匡彼民社德澤無疆今茲仲春秋謹

以牲醴潔情

告將尙饗

鄉賢祠位次詳學校志祭儀同名宦祠祭文惟神毓秀松源名高山斗爲國之楨流徽不朽尚饗

儒學土地祠詳學校志祭儀同鄉賢祠

文昌祠詳學校志祭期祭物同土地祠祭文帝德無疆始於孝友十七世身陰功積厚廼升於天奎文司斗慶邑奉帝明禋不朽烏紗龍袍相士入彀碧水青山爲帝之壽惟兹仲春秋薦以清酒鵠立胥臨雪縣抃擻尚饗

忠義孝友祠在學宫左雍正五年知縣李飛鯤奉文建立碑祠左歲春秋二仲上丁日致祭以忠節祀者三人宋吳競吳樞明吳南明以尚義祀者九人明葉

仲儀吳彥恭周公泰吳克禮蘖荷吳叔寅吳沛吳
道揆

國朝

吳昌輿以孝友祀者明楊泮蘖儼吳相李叔明

節孝祠在學宮右雍正五年知縣李飛鯤奉文建立坊門外凡邑內節婦貞女題旌者咸祀之歲春秋上丁後一日致祭共祀十四人姓氏備詳閨操不復臚列嘉慶十年議敘州判姚鸞移建衕後有記見藝文

關帝廟豐山門內舊在縣治後順治五年燬十八年駐防遊

擊董永義重建康熙四年知縣程維伊捐奉買五
都民田大租壹百五拾肆把計税壹拾叁畝陸分
五釐五毫永奉香燈竹野井頭肆拾陸把余村官
倉後劉姓段內合租壹拾壹
把朱村土名方塭劉姓段內合租壹拾陸把道堂
下壹拾五把下毛灣壹拾肆把五遡壹拾叁把橫
棟門下貳拾肆把上源
衕口九把凖頭兒陸把雍正三年更定歲五月十
三及春秋仲月擇日致祭牲用太牢五年追封三
世爲公爵曾祖光昭公祖裕昌公父成忠公祀於
後殿九年知縣徐羲麟遷建豐山門內乾隆四年
知縣裴世賢重建後殿四十七年知縣王恒奉文

重修增建兩廡乾隆六十年知縣魏夔龍重修又嘉慶十六年知縣鳴山奉文重修

一在竹口公館之左康熙九年知縣程維伊建一在十一都上源村

城隍廟豐山門外洪武十六年知縣董大本建康熙二年知縣高嶙重建記見藝文乾隆四十一年知縣董輩縉重修道光三年知縣樂韶命邑人吳起元捐修歲春秋仲上丁後一日合祭於山川壇清明中元十月朔日主祭於邑厲壇知縣蒞任考績及水旱祈禱皆特設祭

縣土地祠縣儀門左嘉靖二十九年知縣邢夢珂始創修八

祭期與山川壇同日用羊一豕一菓五祭文惟神職司陰令默理化機休咎慶徵是省是祈某承乏茲土奉神弗違茲當仲春秋用申祭告尚饗

拱瑞堂縣北二里文筆山下祀五顯神原廟在蓋竹邑人何文魁吳標請建於此並捐置田產爲住僧香燈口食順治五年僧明光重修道光二年知縣樂韶撥出田壹百柒拾貳把作育嬰堂經費給印簿二本以垂永久祭期祭物如土地祠祭文惟神鍾天之秀受地之靈能澤物產以祉民屯某奉承簡命蒞茲山城惟茲仲春秋敬潔明禋神靈如在永祐安寧尚饗

按以上廟祠皆春秋致祭內如土地祠自明迄今朔望行香其德高而能降卑而不踰此正神也五顯爲古祝融火神凡黙理化機陰禦災患無不饗應邑久奉爲正祀亦仍從舊志列之於右

廟

眞武廟雲龍門外球山下明萬歷二十年建按眞武爲古元冥水神慶民比戶繪像崇奉中堂以壓回祿香火尤盛

東嶽廟四都黃堂岡下元延祐二年建四年邑人吳廸吉重建明隆慶四年重修

神農廟九都黃壇

三官廟在石龍山明天啟間知縣樊鑑建詩見藝文

元壇廟石龍山嶺知縣樊鑑建今廢址存歲旱禱雨於此

博濟廟二都去縣東四十里宋紹興十二年建於三井龍潭上以祀龍神勅封靈潤惠侯咸淳三年加封福昌侯歲旱禱雨屢應今廢

吳判府廟二都西洋神姓吳生長此地覡術通神曾鞭蛟遏水土人祀之一在蓋竹曰靈顯廟宋咸淳元年建一在周墩曰顯靈又名古樓道光乙酉年重修

馬眞仙廟西都坑西神五季時華亭人修煉於縣北之百

丈山丹成仙去詳見仙釋

梵公廟三都林役神二一都人趙宋時於三都烏蜂山白日飛昇鄉人祀之詳見仙釋

白將軍廟九都竹口神姓白爲吳越王將聞越僭號自將兵討之因開此地死後常有白氣出没土人祀之

隆安廟九都竹口明成化間建祀土神陳五官

護應馬氏眞人廟縣治東隅宋寶慶乙酉元年建至明間廢洪熙乙巳知縣羅仕勉重新廟宇宏治間廟門外圯隊廟內佛像如故邑人姚璉欲[illegible]

奈有志未逮璉偕姚稷乃會社下捐建于正德年丑工完立碑頌眞人之德而記之天啟辛酉又重建內外兩堂內爲馬氏行宮外懸無疆堂匾額歷年久遠兩堂傾頹嘉慶乙丑六班仙首吊租貯修內堂道光巳丑又行吊租並閤邑勸捐重新建造無疆堂暨內外兩廊又建內外兩戲臺左右兩小廳并及三門大門外復建土地祠因工程浩大延未告竣邑人以準提閣久廢現有寺田貳拾柒段共租五百叁拾柒把半坐稅肆拾五畝叁分肆釐五毫議請撥入無疆堂並馬眞人廟遞年除中元追薦完粮外所餘租息以備兩堂修葺香燈之需道光十一年經首事公稟如請立案

一在四都潔上村歲旱禱雨輙應乾隆五十一年知縣趙域以能澤地產酬之

順濟陳氏十四夫人廟西門內康熙三年重修記見藝文乾

隆五十七年吳來儀等倡捐折下堂改造戲臺兩

廊大門以及神厨道光五年仙首吊租增建後堂

平水王廟東隅後田神姓周名愷温郡人南宋時顯靈封

爲平水大王事見永嘉郡志

蕭元帥廟東隅後田嘉靖二年建嘉慶五年重修一在十一都黃

畬村里人毛先華等建一在十二都黃塢村

馬侍郎廟東隅後三明天啓三年建道光十五年吳東垣等倡建一在楠兒村

東[illegible]溪橋上

湖山廟在一都上管

徐夫人廟北門外崇正間邑令趙公璧夫人有德於民

百姓建祠祀之詩見藝文嘉慶三年燬十六年重修

按以上各廟皆不在祀典奉真武以壓火災祀神農以禱疾病故並列之東嶽非封內山川禮不當祀然有其舉之莫敢廢也其餘諸廟或稱邑內士紳或言鄰邦僑寓舊俗相沿雖無史冊可徵然皆前代著靈於此而今崇祀勿替至各鄉祈報香火尤盛而廟宇甚隘掌故志者不復爲煩考茲列其大者如右

祠

知縣張公祠（石龍山下）明萬歷間爲知縣張學書立久燬

康熙三年附祀文昌祠

知縣樊公祠（石龍山）明天啓間爲知縣樊鑑立久廢今

附祀三官廟

知縣楊公祠（太平門）明崇正一十五年建祀知縣楊芝

瑞嘉慶四年燬　十二年帑租復建

知縣程公祠（程公橋首）康熙九年建祀知縣程維伊今廢

附祀文昌祠

以上名宦專祠

義勇祠九都竹口明嘉靖二十四年爲義士吳元脩立次廢　嘉慶十九年裔孫吳燦圭等復建

皆義祠石龍街　明嘉靖四十一年爲義士吳鳳鳴吳德中吳箎立今廢

以上二祠奉文追建其有各姓宗祠并附于後

吳文簡祠上胥舉溪一在城西關　明嘉靖間重建

姚光祿祠南門內上倉　隆慶六年建

吳都巡祠坑橋

劉郑新祠五都淳熙間建乾隆間重修

吳諫議祠一在下管大濟明隆慶間建一在三都坑井明萬歷間建

吳大理祠下管大濟宋初建元至正燬于寇康熙十二年嗣孫世臣等鼎建今毀

周光祿祠二都周墩明嘉靖間建道光乙酉移建月山下東首、

吳儀真祠二都底墅明宏治間建

王伯厚祠一在九都竹口一在十一都上源村

陳尚書祠九都竹口官倉後

葉提舉祠北門外潭頭嘉慶元年重修

季暹使祠在城西隅

周希一祠東溪上倉乾隆辛酉年建、

余黎一祠 城西隅乾隆乙未年建舊名安慶祠

戴德七祠 上倉埜塘嘉慶十二年建

葉發祥祠 城東隅

胡中銓祠 二都左溪

葉辛五祠 二都賢良

葉孝廉祠 後田上葉

葉德一祠 後田

吳知縣祠 十八都芸洲

夏知縣祠 十六都山根一在余地

范彦友祠二都滁面

蘇辛八祠二都岩下

季承九祠九都黄壇

毛均抱祠二都青竹

吴崇五祠二都河埭

張萬四祠二都黄沙

陳甲二祠二都蔡川

胡恩廣祠七都吕源

練六四祠二都楊橋

黃時賜祠二都黃壇兒村

練明椿祠黃壇兒村

范興福祠大岩村

甘文興祠二都半路村

范德二祠楊朗坑村

許朝議祠九都竹口

沈少尹祠九都余烏

周文十二祠後田嘉慶二十年建

沈文用祠九都崔家田

周濂溪祠在二都黃土洋村新建

周維四祠石記岱村康熙四十五年建

范少三祠二都南洋乾隆二十八年建

胡伯八祠二都青竹

吳榮昌祠二都新村嘉慶十八年建

鄭氏宗祠二都水寨村嘉慶己酉建

胡正十一祠二都竹坪

張坤二祠城西隅

胡氏宗祠二都留香嘉慶十九年建

吳文齊祠二都官塘

沈因穩祠九都爐坑

吳榮顯祠二都新村嘉慶甲戌年建

葉辛七祠桃坑村

劉千九祠岩坑村

劉氏宗祠一在仝鄰村

吳公全祠二都淤上村道光八年建

林誠七祠二都山柿北川村

葉辛三祠二都桊康坑

胡氏宗祠二都岱山根

吳伯二祠二都黄壇嘉慶庚午年建

吳丙五祠二都石板倉嘉慶庚午建

陳七二祠二都南洋村嘉慶丁丑建

吳塋六祠二都洋邊　吳三讓祠一在二都黃水村祠孫嘉振增森等建一在三推村以上二祠俱有匾揚

胡文泰祠二都東山后嘉慶己巳建

周瑛一祠二都岱山根村道光癸未重建

陳香宗祠二都大洪村道光丙戌建

吳常四祠二都黃皮村道光辛卯建

以上鄉賢專祠

邱墓

人有立德立功立言者謂之三不朽邱崇之志

準此以斷舍是不與焉

給事中王應麟墓即王衙厚在竹口水尾廻龍潭後

尚書陳嘉猷墓九都伏石嶺下

狀元劉知新墓五都慈照寺前山下

大理卿吳崇驄墓下管大濟金釵山

知府吳轂墓下管大濟

侍郎胡紘墓四都黃堂岡

御史吳琄墓四都駄坑

縣尹吳平墓上管蔡地塘均

主事吳杰墓下管大濟

縣丞姚大齡墓七都隆宫

知縣吳大豪墓十都濟岑山頭洋

縣丞吳南明墓七都隆宫

經歷季時芳墓七都小林源

訓導王錫俸墓魏溪上源

貞女葉養姑墓大濟坑兒彎、

貞女吳淑姬墓安定橋上宫陂頭山

節婦葉鮑氏墓四都瀆田

節婦周楊氏墓四都魏溪猪背坑

節婦姚季氏墓二都盡竹屋後岡

按經歷吳穆墓在松溪呂源村后

巡司吳衍慶墓十二都山頭礱燕塢

孝子吳之英墓魏溪眼犬山

義士吳昌興墓四都墓菴嘴

義士吳來成墓周墩西遠山

義士吳來雍墓魏溪慈照寺后山

慶元縣志卷之六　知慶元縣事吳綸彰重修

知慶元縣事宋　琛補刻

武備志

關隘　兵制　紀事

慶邑山谿險隘地屬彈丸夷曠之區所在絶少殆非用武之地也然國之大事在祀與戎兵可千日不用不可一日不備舊志不叙兵制失之偏重茲從府志補入俾守土者揆文奮武各奉其職以期無忝云爾

志武備

關隘

慶三面距閩鳥道菁深雖內有城池全憑六隘以為外蔽崇正間閩寇入境恃此無虞亦既有成効矣據險扼要一人守可萬人敵關隘之設不綦重哉

關

伏石關九都竹口距縣六十里

隘

石壁隘二都周墩東八里

喜鵲隘二都縣東北十里

烏石隘三都縣西南十五里

西仙隘四都縣西十里

馬蹄隘下管縣南八里

竈田隘六都縣北二十里

棘蘭隘八都縣北三十里

已上諸隘皆明崇正十四年知縣楊芝瑞重建又

捐俸置田於喜鵲隘有記見藝文順治十八年知府周

茂源按慶邑棘蘭地界松溪復建隘樓置兵巡禦

王紹朋有記見藝文

旁門隘五都縣北五里

石門隘十二都大濟縣北七十里

白鶴隘三都

嚴洋隘三都

八爐隘二一都縣東八十里

梅坳隘二一都栗洋縣東北四十里

高山隘四都

蓬塘隘九都縣北六十里

飯甑礱隘四都徐上縣北十五里

黃垓隘二都嶺頭縣東北六十里上下有屋二所原皆隸慶元因嘉靖年間立爲隘田隘屋俱爲景寧人所佔始分上屋屬景下屋屬慶其稅糧累慶經年訐告至萬曆四年守道王委本府同知陳勘驗轉委遂昌知縣黃景寧知縣林慶元知縣沈親至其地屢畝會審越五日乃得其情斷糧輸慶民皆悅服文案可攷

兵制

設武備以戒不虞城守有職偵察有人咸照府志開錄列明制於前以今制續後以見我

朝措置之宜酌前代而加密云

明

弓兵 洪武三年革縣治歲役弓兵三十六名以屬巡

檢司巡檢率領盤詰巡邏

教場 在縣舊儒學址下萬歷十一年知縣沈立敬以

其地近縣治遷建城北角呎嶺頭崇正十四年知縣

楊芝瑞改建冰歸橋下附射圃於其旁

敵臺二 一在雲龍門外二里文筆山之下

一在十二都去縣北六十里大濘之隘

慶元縣民兵貳百六十名 内防守一百三十名烏鏡

一百三十名鎮鋭係土著義勇領習不受直於官

歲徵餉銀七百二十兩

棘蘭巡簡司弓兵一十五名

國朝

慶元駐防左廳把總一員一年一調

外委一員　守舉溪汛一年一調

把總署在太平門內康熙四十九年文武公捐贖買民房改建

營房四

教場演武廳在雲龍門外溪北

小教場在濟川門外雲鶴山之麓

竹口教場先年處州千户張傍建

軍器局在把總署左

慶元縣汛兵四十五名

竹口汛兵三十名　余地汛兵四名

安溪汛兵七名　舉溪汛

棘蘭汛兵五名　喜鵲汛

新窑汛兵八名　八都汛

明管寨後汛兵十六名　白渡口汛

紀事

山陬僻壤之邦歷今數世人不識兵革幾享之人昇平久矣溯自明季以來揭竿有警伏莽時聞或邑宰之制變有方或鄉勇之聚義自保前事昭昭俱有可考今備紀之亦安不忘危之意爾

元

至正十五年山寇黃花自閩來擾縣剽掠而去

明

正統十四年己巳山賊龍岡九龔縣官兵討平之

九乘宣寇之亂率衆數百懸鏡爲甲臨陣揮目人莫
與敵時縣無城賊因襲據縣治縱火焚燒署舍後投
陶得二等不納歸爲官兵所殲遂平
嘉靖二十四年癸未山賊吳王姑嚇聚千餘人剽掠縣
民騷動知縣陳澤引兵邀擊于蓮塘殲其衆平之
賊自號八先生出入閩越劫掠松浦間得勝長驅景
慶龍遂之墟悉爲震駭知縣陳澤引兵擊殺先鋒吳
元備鼓勇先驅獨斬數人以大兵後至遇害繼衆至
併前賊衆悉爲所殲後論殺賊功立祠祀元備匾曰

義勇

四十年閩廣流寇入境剽掠知縣馬汝溪禦之

賊衆二千餘人自松溪抵竹口劫掠甚慘聞縣有備

至龍泉大掠而去

四十一年庚申八月壽寧山寇劉大眼據縣後山縣丞

黃德興引兵禦之

劉大眼率衆千餘人從山谷間出竹口轉掠裏和至

縣據後山爲巢縣丞黃德興力戰斬數十級賊計窮

將走俄有邏寇自間道歸出我陣後夾攻官兵遂潰

死者甚衆義士吳得中、吳鳳鳴、吳箎皆死事聞司府
下檄爲立祠祀之匾曰皆義
十二月劉大眼復寇縣訓導吳從周禦之
倭寇陷政和復圍松溪劉大眼意縣無備欲襲之一
晝夜奄至城下時訓導吳從周視篆率民固守越數
日兵備副使陳慶檄把總桂淮扳引兵七百來援賊
知大兵至且攻且追率潰散逃去
崇正十四年辛巳十一月閩寇張其卿犯境知縣楊芝
瑞勦之

張其爵大掠龍泉，突至喜鵲隘犯縣。楊芝之瑞統鄉兵禦之，賊退去。萬星林隨令舉溪廩生吳懋脩、吳之鯤率鄉勇擣其穴，斬首百餘級，賊遠遁。

國朝

順治四年丁亥七月十九日，閩賊雷時鳴犯縣，執知縣李肇勳，總兵劉世昌平之。

時建寧兵亂，流犯慶元，執知縣李肇勳，殺其三子，妻自縊。八月初一日，鎮兵進剿，賊夜遁，民得安堵。

五年戊子十月，劉中藻同馮生舜等圍慶元，官兵禦之

退
劉中藻福安人庚辰進士陞武委授在閩遍賊作亂踞福寧寧德一帶同馮生舜等圍慶元視篆教諭戴雲程遊擊童承義棄城去城陷十一月初三日松溪兵至斬首五百餘級民死亦百餘人自北門至縣治前民屋盡燬閱年五月二十三日本府總兵劉世昌遣兵防守民始安
六年己丑九月馮生舜攻縣殺千總李定國致和讓兵至遁去

坐舜黎白頭數千寇縣李定國迎戰於下管赤摶嶺遇害遂攻城三晝夜知縣謝士登告急於政和縣援兵至夜遁

八年辛卯五月山寇陳文喜作亂知縣鄭國位滅之文喜聚衆千餘據百文山剽掠村落搶奪婦女闔邑震動里地白沙隆宫中村等處田地荒蕪知縣鄭國位帶官兵從白沙進勦復令下管廪生吳王眷吳銓臣率隆宫鄉勇劉仰之陳布吳茂林等從山後夾攻直搗其巢乃滅

十年癸巳七月閩匪李希賢、葉付等劫竹口，知縣鄭國位平之。

希賢仙槎人，聚賊三千餘人剽掠竹口、壟山，緝縛一百三十餘人，到巢尉金知縣鄭國位親率鄉勇許光彥與春傑、楊茂大等固守，檄請府鎮官兵合勦，賊聞遁走。

十一月李希賢復掠上源等處，鄉勇蔡來吉、王明麟會衆攻之，去。

希賢復聚賊六千餘，據河源四散搶掠，焚燒民屋一

十二都蔡來吉王明麟會十八都鄉勇合力夯攻殺
賊千餘乃滅
十一年甲午三月闔寇陸㕘掠二一都九滌殺千總李尚
才紅旗袁魁自刎於陣
十三年丙申四月賊首魏福賢余赤等焚刼竹口
初余赤等焚刼上滌姚村一帶把總馮從羽樹松溪
官兵合攻斬首百餘賊遁至衢州嘯集魏福賢等五
千餘賊由船坑山坑兩路入竹口圍燒民屋八百餘
家公館橋梁悉燬

十四年丁酉三月賊高彪殺掠二一都據九臺山千總李茂破之

康熙十三年甲寅正月耿逆作亂五月僞總兵徐尚朝遣其黨陷慶元十五年丙辰八月貝子率滿漢都統馬將軍喇台吉等率大兵討平之

時慶元城陷義勇吳詔功吳壽男戰沒於陣事聞

恩恤其家各蔭一子授千總嘉慶元年

特恩追死事功復各蔭一孫

國十八年閩匪彭子英餘黨竄入盧坑村府道檄生員

吳鳳文率鄉勇逐之

慶元縣志卷之七

知慶元縣事吳綸彰重修

知慶元縣事宋　琛補刻

風土志

習尚　歲時　禮制　坑冶　物産

正淫奢儉五方之風尚不同而整齊變化責歸司牧所視感之者何如耳方今

聖天子至德涵濡賢大夫仁風披拂比閭族黨間彬彬傒古書此以爲採風問俗者之一獻可乎是作志之要也志風土

風略

慶元山多田少土瘠民貧力勤尚儉人多士著俗鮮獷頑蠶桑之利尚未有興

習尚

山國之民其氣剛以勁雖饑寒切身亦不肯鬻其子女然好訟喜鬪閙亦有之至大奸大慝則未之聞四民之家先衣食而後詩書於子弟學業罕能培植上公車者甚少亦有初列黌序營心三窟街談巷議惟利是圖甚至學業不成竄入書吏以充當門戶

恬不爲怪士風不振未必不由於此以上黎蘇府志

舊志云士守名節婦不外見敦詩書勵廉恥寧變產輸糧不忍受辱事非切已不敢擅至公庭故敦讓厚別兢兢禮教渾樸之風獨完

舊時屠販經紀惟無恒產者藉以餬口今則壟斷居奇皆出有力之家居鄉者以製葦爲業老者在家壯者居外川陝雲貴無所不歷跋涉之苦甘如飴焉視其所獲十雖居五大抵慶邑之民多仰食于葦山

四民

士人家不畜僕童有搗圃者雇人種蔬無者採買於市弟子閒時出就外傅入學後多務家政喜無遊人異物以遷其志亦無繁文縟節以蕩其心服飾布素不尚綺羅齊之以禮頗能復古

古者農之子恒爲農茲則不然或有耕而兼讀者或有耕而掛名胥吏者避役故也今里役已革民得專意田畝一年所出可贍數口邑中與夫甚少習者性多倨傲非倍其值不肯行

工匠悉資外籍石工則寧德木工則江西近則溆廠爲盛

行商以種靛爲業其次運木者亦歲歲有之治前則罕有

歲時

元旦禮神及祖奠三牲茶酒瓶插柏枝盆盛柿桔開門放爆以兆百事之吉是日舉家食素午設羹飯夜備茶菓薦于影室凡五日夜而止

次日親鄰親朋相賀留席幼者給以五彩菓品

上元自十三夜至十五夜架鰲山剪綵張燈迓土神

出遊笙歌戲劇襍沓往來夜闌則止

春社日祀社祈年分社肉做社餅以相饋送

清明日致祭祖祠標清祭掃先墳有祭田者在墓前

分散紅卵

立夏日作香羹

仲夏四日懸蒲艾以酒食角黍薦寢祀先相傳胡仲

淵以午日出師敗焉遂沿爲例鄰邑皆然

端午日收百草沐浴飲雄黃菖蒲酒食角黍

六月六日曬衣書

中元祭祖祀先不舉樂寺祠內豎旛道場舉盂蘭會分

散饅首

秋社祀神報穀

中秋夜飲食糕餅以賞月華

重陽祀先食角黍士人聽山登高

孟冬[illegible]釀紅糯酒

季冬月煎米飴

除夕晡前祀神祭先放爆竹曰辭年是夕守歲如古

禮

禮制

冠禮久已不行女子臨嫁而笄凡在戚屬名識者女家必答席

初議婚不及問名卽納手鐲項圈麒麟牌作聘記謂之揷定正聘時納白金若干不拘數謂之送茶始立庚帖於家則贈以物禮謂之回聘請期饋禮或接以金謂之拜門擔娶日壻不親迎今北鄉亦有之在城各鄉命小叔及米人來接謂之壓轎父家

命子姪一人送親親人門時請老婦有福壽者作攙相引至洞房婿入對坐飲食用十全菜謂之裝餚飯日暮燃燭輝煌音樂具舉婿拜天地祖先轉至堂前拜舅姑及各親女戚俱相見畢送入洞房行合巹禮

喪葬發之日庭設靈座遷尸止寢舉奠飯是夜延巫報靈親友來弔謂之相望人子執杖跪伏號泣致日戚屬婦女亦來相望喪家具素以待哺時入殮羅列牲醴讀祝舉哀杖至的呼人子不避孤盧感

屬有犯者則避之蓋棺已畢留衆餕餘以後名親不限弔期各具香楮素菓以賻延僧誦經謂之薦亡出殯選日有山卽塟無者停于土室有延至數十年而不塟者蓋風水之說誤之也

祭自春秋祠享外生辰忌辰不論貧富俱薦于正寢遇初度之年富者宰牲羊設盛饌以祭貧者給牲酒醴百歲而後已有無祖者當忌日子孫助錢餕餘各給饅首不限百歲之例

宗治

昔者鑿坑之徒悉屬亡命幸而獲則肝腦塗地亦不憚不獲則聚爲礦盜刼害一方今坑場幸以俱廢百數十餘年來民不攤賠亦不科料誠我朝之善政也

按舊志坑冶有十在一都者曰銀屏坑八壚坑陳塚坑毛泮坑石濱坑在二都者曰瀏泮坑横巖坑藥坑天堂坑在十一都者曰葛田坑以上十坑俱以廢

物產

馮生之族辨土所宜樹畜有時樽節有度亦王政之一端乎慶邑水土寒薄所產無奇而物力消長又不能無今昔之異茲核實所出載之於册以見民生日用其所需有如此云

穀屬

冬瓜白粒細而芒白殼熟早色白粒大稈勁有芒纏參粘粒穗純赤經香

目早七月初先熟齊頭粒大雪色味香甘先熟早發種于燕米熟處因名

穀早　青梗早　火燒穀已上秈稻木樨糯　天豐糯

企企變　烏節　白芒　紅殼　白殼　馬鬃糯

野豬惡　光稞已上稞稻　大麥　小麥　蕎麥　花麥

粟秔稬二種　芝麻黑白二色　黄豆　烏豆　薏豆　羊鬚豆

赤豆　雲豆　豇豆　刀豆　三收豆　羊角豆

包蘿

蔬屬

薑　薯　芋　葱　蒜　韭　薤　莧　萵　芹

蕨　筍　蕈　茄　菠薐　苦蕒　萵苣　芫荽

莙薘　蘿蔔　苦薏　油菜　冬白　冬芥

蓏屬

冬瓜 北瓜 黄瓜 絲瓜 苦瓜 匏

菓屬

桃 李 梅 杏 柰 柿 柑 橘 梨 栗

棗 榧子 石榴 楊梅 枇杷 林檎 葡萄

橄欖 苦櫧 陳梨 山棗 香櫞

木屬

松 柏 杉 榲 樟 楓 槐 桑 桐 榔

椿 欏 桕 柘 櫧 桂 檜 梓 榧 樗

檀 冬青 椶櫚 相思木

竹屬

雷貓 石筆 紫斑 水苦 筋箸

慈麻 矮黄 觀音 鳳尾

花屬

牡丹 芍藥 芙蓉 木樨 紫荆 臘梅 荷

矮桃 郁李 水梔 薔薇 茉莉 鷄冠 葵

瑞香 山茶 玉簪 鳳仙 杜鵑 海棠 蘭

佛桑 鶯粟 玫瑰 木筆 百合 蝴蝶 菊

玉繡毬 月月紅 剪春蘿 美人蕉 千瓣榴

草屬

芭蕉　萱草　菖蒲　龍鬚　鳳尾　觀音　蘆

菅　茭　茅　蘋　藻　萍　瓦松　青鋒劍

羽屬

雞　鵝　鴨　燕　鴿　雉　鵲　黃鸝　鸕鷀

鷺鷥　畫眉　翡翠　竹鷄　鷓鴣　鳩　杜鵑

百舌　山鷄　啄木　鴉　烏鷗　鷂兒　郭公

瓦雀　鶺鴒　布穀　黃頭　鷹　田雞　老鸛

鶴　梟　紅裙

毛屬

牛 羊 犬 猪 猫 虎 豹 豺 狼 熊

猿 猴 鹿 麞 兎 鼠 獺 野猪 鎗猪

漢猪 狐 狸 竹騮 恒鼠 山羊 九節狸

玉面狸 山犬 地豚

鱗屬

鯉 鯽 鱖 鯶 鱥 鰂 鰳 鯖 鰻 鱔

鰍 白 石斑 圓眼

介屬

龜　鼈　蟹　蚌　螺　蝦　穿山甲

蟲屬

蠶　蜂　蛺蝶　蟬　蠅　蝙蝠　蚯蚓　蜘蛛

蜻蜓　蟋蟀　蝦蟆　蚱蜢　蛙　蜈蚣　螳螂

蛇　螻蟻　螢

藥屬

白朮　茯苓　枸杞　黃精　百合　厚朴　艾

槐角　苦參　荆芥　梔子　威靈仙　野甘菊

半夏　薄荷　紫蘇　茵陳　覆盆子　五倍子

黃連 香薷 益母 勾藤 天門冬 金罌子
車前 香附 木賊 淡竹 金銀花 石菖蒲
前胡 小茴 南星 辛夷 谷精草 瓜蔞仁
石斛 木通 茱萸 葛根 桑白皮 白扁豆
槐花 青皮 木香 陳皮 劉寄奴 天花粉

貨屬

苧 筍乾 毛邊紙 靛 香蕈 朱蕈 石衣
蕨粉 蜂蜜 白蠟 紅麯 茶 燭

慶元縣志卷之八

知慶元縣事吳綸彰重修

知慶元縣事宋　琛補刻

官師志

知縣　縣丞　主簿　典史

教諭　訓導　治行附

天生蒸民不能自治而立之君君亦不能獨理而任之臣官有多寡而分攝之事不一缺有繁簡而責任之意則同慶邑號稱易治一官已足督捕而外本屬可裁若夫教職汰而復設誠以文運於是乎寄薰陶樂育非一訓所能任也簪筆之下謹稽其歷官姓氏

輿其爵里年代有足徵者逐一附詮於下志官師

宋令以所居松源鄉立縣始設 寧宗慶元三年胡紘奏請

富嘉謀慶元三年任入名宦有傳

元達魯花赤

亦都散大德　年任

于崇大德八年任

馮義至正元年任

知縣

明

董大本洪武十四年任有傳

曾　壽洪武十八年任入名宦有傳

唐　仕

余源清洪武二十三年任

李仲仁洪武二十七年任

胡淑儀洪武三十一年任

羅仕勉洪熙元年任有傳

程義和

張　朝莆田人

張　宣青神人監生景泰四年任有傳

張　明金臺人

趙　貞

鄭　昱正統年間任

余　康莆田人進士成化年間任

黃　道

周　景華亭人進士

沈　鶴華亭人進士宏治年間任

魏　程建昌人

何 鰲順德人進士正德三年任擢監察御史有傳

馮 恩泗州衛人

鄭應文順德人

李惟真太倉州人正德七年任有傳

陸 元臨川舉人

鄭 舉閩縣人

陳彌正南昌人嘉靖十一年任有傳

程紹顔太湖人監生嘉靖十一年署任

陳 元歙縣人嘉靖十六年任有傳

陳　淳　南海舉人嘉靖二十四年任擢南直監察御史有傳

邢夢珂　高淳人嘉靖二十八年任

羅見麟　番禺舉人嘉靖三十一年任

陳文静　莆田舉人嘉靖三十三年任

馬汝徵　莆田舉人嘉靖三十九年任有傳

張應亮　高淳舉人嘉靖四十二年任

彭　适　溧陽人監生隆慶元年任

朱　芾　黔江人監生隆慶三年任有傳

勞銘贇　懷寧人萬曆元年任有傳

沈繼韶 南安舉人萬歷二一年任有傳

陳九功 南昌舉人萬歷七年任有傳

史著勳 桂林舉人萬歷九年任

黄文明 懷寧人選貢萬歷十二年任

詹秉龍 泰寧人選貢萬歷十四年任

周道長 咸都人選貢萬歷十八年任有傳

鄧建邦 全州舉人萬歷二十一年任有傳

李　贇 朔陽人歲貢萬歷二十五年任有傳

熊懋官 石城舉人萬歷二十八年任有傳

沈立敬 溧水人萬歷三十年任有傳

張學書 平樂人選貢萬歷三十二年任有傳

陳鍾琦 惠安舉人萬歷三十四年任

潘學孟 六安州人萬歷三十八年任

郭際美 萬安舉人萬歷四十一年任

汪獻忠 歙縣舉人萬歷四十五年任

馮大受 華亭舉人萬歷四十八年任

樊鑑 歸州人天啓三年任有傳

王士煩 崇仁人天啓六年任

陳國璽連江人崇正三年任

趙璧太湖舉人崇正六年任

楊芝瑞當塗舉人崇正十三年任入名宦有傳

陰佑宗內江舉人崇正十七年任

國朝

李肇勳章邱舉人順治二年任

謝士登南昌人順治五年任

鄭國位遼東人生員有傳順治七年任

石肇垣崇慶舉人順治十二年任

王之垣絳縣人歲貢順治十六年任有傳

高　嶙寶雞人恩貢順治十七年任有傳

程維伊蘄水舉人康熙三年任有傳

李東繡新安舉人康熙十五年任有傳

羅晁秀陝西人貢生康熙十七年任

梁允桓真定人拔貢康熙二十五年任

李文英正黃旗監生康熙三十二年任

李容之山東人貢生康熙三十七年任

薛元昌兗州人進士康熙五十五年署任

王開泰湖廣人進士康熙五十五年任

李飛鯤江南人進士康熙五十七年任

于樹範金壇人

李廷宋四川人進士雍正七年任

徐羲麟正白旗舉人雍正八年復任

程煜樂平人

郭從善山東舉人乾隆三年任

鄒儒樂平人拔貢乾隆六年任有傳

蔣溥長洲人例監

裴世賢渭陽人

王者棟無錫人進士乾隆八年任

黄鈺鄧州人拔貢

郭粱山東舉人乾隆九年任

蔣潤舊名溥乾隆十年復署

鄧觀瀘溪人進士乾隆十一年任

孫宸輔青齊人乾隆十二年署

景皐安邑舉人

羅岳珪晉江人進士乾隆十九年任有傳

李化永城人副榜

陳春芳鄭州舉人乾隆二十二年任

興福鑲黄旗人

梁監校平陸人進士乾隆二十五年任

多澤厚阜城舉人乾隆二十七年署有傳

張儀蓬萊舉人乾隆二十八年任

張天相陽武舉人

李帯三原人進士乾隆三十二年任有傳

張力行湘潭人署

嚴　灝署

唐若瀛三原舉人乾隆三十六年任有傳

熊　珍宛平舉人乾隆三十八年任

孟毓楷長洲人署

楊　燕嘉應州人署

董疆縉萬泉舉人乾隆四十年任有傳

徐傳一崑山人附貢乾隆四十二年任

裴述文曲沃人署

吳　越長洲人乾隆四十二年署

陶澄洤 長沙人乾隆四十五年署

王　恆 遵義舉人乾隆四十八年任

朱鍾麒 貴州人進士署有傳

趙　域 文安舉人乾隆五十年任

莫景瑞 安定舉人乾隆五十一年任有傳

徐傳一 復署

張玉田 涿州舉人乾隆五十四年任

李寶型 東光舉人乾隆五十六年任

戈廷楠 獻縣人乾隆五十九年任

魏夔龍　德州舉人嘉慶元年任

張　震　清泉舉人嘉慶三年任

關學優　順德舉人嘉慶四年任

黃友教　長沙解元嘉慶七年任

葉萬楷　嘉慶九年署

劉種桃　彭澤人拔貢嘉慶十年署

吳　沆　山西人拔貢進士嘉慶十二年題署

彭志傑　湖北舉人嘉慶十四年署

黎葆醇　南昌人進士嘉慶十四年署有傳

鳴　山　正白旗人生員嘉慶十五年任有傳

呂　璜　廣西人進士嘉慶十八年任有傳

沈尚恩　宛平監生嘉慶十九年署

譚正坤　南雄州人拔貢嘉慶十九年任

沈尚恩　復署

孫榮績　四川舉人嘉慶二十三年任

崔　進　安徽監生道光元年署

樂　韶　雲南舉人道光二年署有傳

黃　煥　雷州拔貢道光三年任有傳

朱瀚常州人道光九年署

陳文治雲南舉人道光九年署

吳綸彰肇慶開平貢生道光十年任

明

縣丞

魏明德洪武十四年任有傳　傅俊貴池

羅穰吉水人　韓繡江津人

吳華灌陽人　阮廷貴永州人

周顥高平人景泰年間任　傅恭

方希勝正統　王延相吳縣人成化年任有傳

蘓相南海人　周憲餘干人宏治年

郭珊建平人　鄭紹銓上杭人正德年

劉正嵩明人　徐辨淮衛人嘉靖年

嚴容丹徒人　何子真華亭人

陳楷揚州人　陳敷弋陽人

馬瑀山東人　黃德輿晉江人

范學顏靖江人　程默宿松人

隆慶元年此職裁

元

王儔

張廷瑞　張榮

明

劉茂洪武年間任有傳　陳節

林顯福清人　王函

潻蘭　胡璽歙縣人

汪源樂平人

嘉靖七年此職裁

典史

明

季彥會洪武年　胡　暹

陳喬壽莆田人　汪　鰲舒城人

王　懷當塗人　許　韶宜黃人景泰年

郭仙一仙游人　蕭　印番禺人

詹　漢弋陽人　林　薇貴池人宏治年

余　鳳潁川人嘉靖年　林　叙莆田人

陳蘭秀南昌人　熊　泰南昌人

曾朝倖豐城人　楊世隆當塗人

王　模懷安人　陳子實石埭人

孟　廸徐州人　黄仁先臨川人

徐行道豐城人　王國凡霍邱人

王　宋丹徒人　余一滄大田人

蘇仁愛石埭人　謝惟顯信豐人

汪雲鳳舒城人　陳　紀安遠人

王國才樂平人　李忠遠懷遠人

周光飽上饒人　張春芳阜化人

舒啓英婺源人　李廷芝高安人

楊復聖始興人　游士愷當陽人

李用行 程鄉人　　鄭繼先 南城人

沈世承 石埭人　　方從廉 莆田人

國朝

羅賢臣 順治辛　　潘起龍 南昌人

張文璉 虞施人　　侯正官 陝西人

胡應泰 吏目夫人 興人　　喬孔衍 富平人 康熙辛

張合名 山西人　　馮 燦 山西人

毛 冕 蕪湖人　　高 托 無錫人

楊繼儀 江南人　　張文錦 直隸人

朱　壽江南人　　孫　樾河南人
朱懋文宛平人乾隆年　　張振芳繁峙人
繆　森府經歷署　　陳　謙大興人
陳子佳揭陽人縣丞署　　劉捷三昌樂人
徐　信　　鄒景椿武進人
鄒　鑰湘鄉人　　董毅禮清平人吏目
林　閎署　　楊毓麟
馬光煒饒陽人署　　鍾寬勳大興人
曾廷棟主簿署　　朱宗海大興人嘉慶年

儲洪錫 新城人　　武廷杰 大興人

夏立慕 江蘇人 道光年　　黃鳴聲 嘉應州人

張廷奇 濟南人　　宋清晏 湖北人

鄭 堂 滿城人　　陳若霖 江蘇人

劉虞吉 江蘇人　　牛 晟 大興人

張學廣 濟南人　　潘開銓 安徽人

程尚烈 安徽人

教諭

元

董　彝　樂平人　至正年

明

夏　禮　洪武年　　張　遠

宋　觀　宣德年任　　鄭師陳　莆田人　正統年任　有傳

謝文禮　將樂人　　汪　澄　懷安人

薛繁徽　　邢　璘　當塗人　成化年

孫繼亂　南城人　嘉靖年　　留　倫　晉江人

吳　瑞　鄱陽　舉人　　朱　琮　上元人

方　樸　鉛山　舉人　　謝應奎　灄口人

王國相晉江舉人隆慶年有傳　薛廷寵惠安舉人

顧翼高上海人萬歷年　毛存奎松滋人

曾守雎清流人　徐顯臣永康舉人

徐　文吳縣人　謝承聘於潛人

韓仕明光化人　吳逢堯餘干人

張　萃博羅舉人　葉文懋龍游舉人

葉文弼都昌人　楊開先商河人

葉中理德化人　余沛然建德人

周　淳蕪湖人　夏舜臣建德人

高士遜德清舉人　胡若宏湖廣舉人

沈明時新城人　王至道汀州人

錢承憲杭州人府志失載　余璋平陽人

徐應亨蘭溪舉人有傳　鄔承莘寧海人

徐鶴朋海鹽人　胡寅賓湖州人

林承春泰順人

國朝

朱化熙遼東人順治年　駱起明諸暨舉人後陞知縣有傳

張晉餘姚舉人有傳

順治十七年裁汰康熙十五年復設

馬　青（會稽舉人 康熙年）　　屠樹聲（仁和人 貢生）

陳　灝（會稽舉人）　　徐景瀚（餘姚人 拔貢）

胡　玢（臨安舉人 後陞知縣）　　史紹武（仁和人 貢生）

戴志逵（溫州人 拔貢）　　曾　士（會稽人 貢生）

曹源郁（嘉興人 副榜）　　孫之騄（仁和人貢生 雍正年有傳）

范光曦（寧波人 署）　　徐宏坦（臨安人 拔貢）

吳匡經（仁和人 副榜）　　吳　超（山陰人副榜 乾隆年）

駱承運（臨安人 署）　　王應辛（山陰人 副榜）

汪本乾　淳安人廩貢
沈光厚　歸安舉人署
孫　源　烏程舉人有傳
徐世壽　杭州舉人署
丁　葵　會稽舉人
顧一清　海鹽舉人署
王　炳　金華舉人
葉德風　寧波人副榜署
楊保櫟　山陰舉人
程　琛　昌化人貢生署
錢廷錦　紹興人副榜
王日華　東陽人拔貢署
章觀嶽　瑞安人拔貢
吳　溶　錢塘舉人署
吳　江　建德舉人
朱　鏞　寧波舉人
吳　樾　象山廩貢署
鄭之昆　永嘉拔貢

王映辰淳安人廪貢署　林大經寧波舉人

查世瑛嘉興舉人署　馮春潮紹興舉人

孫仁開仁和人廪貢署　詹士鑣衢州人廪貢署

沈鏡源湖州舉人

訓導

明

楊　彌高郵人洪武年　吳　經順德人

王　參福安人　潘　初麗水人貢生

李文魁古田人正德年有傳　沈　濟

林　梓　海豐人　景泰年　　黃　廉　南安人
王　奎　　吳　騏　南平人　成化年
朱　鎮　宜春人　　李　彪　餘干人　宏治年
楊　賢　南城人　　劉慶珠　潮陽人
唐邦用　侯官人　　李　輅　兗州人　嘉靖年
范繼隆　大田人　　林一桂　閩縣人
尤　瑑　無錫人　　隊雲騰　大田人
吳從周　邵武人　有傳　　劉　安　荊州人　隆慶年
方一梧　莆田人　　余世貴　連江人　萬曆年

車　錡 將樂人

周　介 萬載人

龎　熙 廣西人

胡鳳陽 滎縣人

謝子蕙 建德人

柳鳳儀 建德人

駱問學 諸暨人

徐應斗 蘭溪人

方應卿 吉安人

孫祉遠 豐縣人

侯　綬 德清人

鄭　重 西安人

夏紹元 當塗人 天啓年

賈應忠 清州人 崇正年

林如周 侯官人

譚自勝 茶陵人

鄺健齡 山東人

鄺用賢 諸暨人

趙士蔚 貴州人

國朝

葛光縉 寧海人歲貢順治年

周之翰 新城人康熙年

葉　榮 龍游人歲貢

婁茂澄 仙居人歲貢

高文煌 山陰人貢生

萬奕煒 武康人貢生

范其揆 寧波人

周廷俊 諸暨人

戚光朝 金華人歲貢

周于德 武義人歲貢

鄧翺言 上虞人貢生

唐虞際 海鹽人貢生雍正年

葉士超 金華人

俞樹鏶 臨安人乾隆年

許青虯 平陽人　林承芳 永嘉人
徐天球 淳安人　潘煜 署
詹一墀 常山人　談金銓 署
孫榮 定海人　徐蔣泉 東陽舉人
周紹洙 仁和舉人署　莊特峨 鎮海舉人有傳
崔懋僑 歸安人廪貢署　俞派 錢塘舉人
葉邁倫 金華人廪貢署　程玉麟 淳安舉人
程琛 復署訓　徐藻 海鹽人歲貢
王鉞 鄞縣人廪貢署　胡會肇 德清舉人嘉慶元年任

葛覃　慈溪人　廩貢署　　王壇　山陰舉人　嘉慶七年任

孫同元　仁和人　廩貢署　　陸泰交　歸安舉人

俞鋐　紹興人　廩貢署　　許心坦　仁和舉人　道光元年任

趙貽孫　蘭谿舉人　署　　徐球　蘭谿人　廩貢署

羅張揆　烏程舉人　　王勉　蕭山舉人　署

沈錫疇　烏程舉人　　沈俊發　湖州人　貢生署

王慎然　[illegible]人　廩[illegible]署　　饒漢　嘉興人　[illegible]署

治行附

石[illegible]　[illegible]補[illegible]貢以[illegible]人[illegible]

則循聲著桐鄉去後之思口碑猶存奚可無傳
也前事不忘庶幾後事之師謹書之以備考焉

宋令

富嘉謀襄惠寬仁清慎平簡慶元三年以松源鄉
立縣受符涖任節辟街衢營公署立學校建壇
壝一切制度皆其創舉不期年而就民無勞擾

祀名宦

知縣

明

董大本洪武十四年復立縣公署學校久廢公摧

符受事寓大銘寺次第修舉撫民寬厚馭吏嚴

明有循吏風至今慕之

曾壽清忠愛民百廢俱興夏亢旱苗多枯槁公始

經理陂堰引水注田民賴無饑後以寇石抹申

攻縣擄掠執公使降抗節不屈引頸就刃遂遇

害民哀之如喪考妣祀名宦

羅仕勉廉明果斷民有私採銀礦者發覺錦衣百

戶田福按縣拘捕良民悉受其害公不避奸勢

遂一一奏聞以寢其謀時稱能吏

張宣持己謹厚處事明决在任九年政平訟息理

盜安民如何武當年去後常令人思

何鰲慎行敦節愛民禮士先賦無定式隨田多寡

爲戶民病之乃平其田以二頃爲一里彼此適

均戶無偏累輕刑緩賦革弊省費民德之後擢

都察院副都御史

李維貞初授浦江教諭正德七年至任宅心仁恕

愛民如子凡干以私者悉斥之時旱行禱於薰

山之巔拜伏烈日中不起須臾大雨是歲豐稔民深感之

陳彌正南昌人廉潔自矢質直不阿公而且明吏不忍欺民無越訴後以憂去歌詠不忘

陳元峽江人厚重簡默有古人風時值開礦民苦油糧之費復立礦稅徵額民愈不堪公乃固請損其數以蘇民困遂忤時罷去人多爲之泣下

陳澤南海人性勤敏才練達山寇猖獗公率兵捕之斬首百餘級寇乃平時邑無城申請鬻寺田

及公署故址充費不逾年而城成民賴以安請

擢南京監察御史

馬孜後上元人清慎明敏時值大造奸胥受賄滋

弊悉親自簡閱以鏡弊源版籍一歸於正尋入

覲致仕歸

朱蒂黔江人簡重慈恕雖盛怒不形聲色待士以

誠遷學修城經理有序不濫科罰以病民士民

德之

勞銘蘷懷寧人秉性儉約處事明決愛民禮士民

貧不能耕者助之建義塾置瀛澤園以葬卒於官士民無不哀悼

沈維龍南安人廉明剛毅剔奸蠹獎修邑乘置學田蓄苴盡絕帑藏肅清縣令汪獻忠詳允入名宦崇祀

陳九功建昌舉人博雅大度公平明決實意御下尤加意學校開渠引泉以防火患期年政聲大著詞調繁麗永合邑留詩爲别

周道長成都人平賦役課農桑周助不給鰥寡煢

獨尤沐其施值蝗入境引咎籲天羣烏競食殆
盡咸稱異政且孝友性植每思親輒至慟哭竟
以告養歸士民如失慈母
鄧建邦全州人廉惠清慎政務簡靜邊事爲一清倡
造八都槎溪橋尤利民之大者
李贊廣東普寧人簡易慈祥不阿勳勢時有奸民
以發官田私獻勳臣廉得其實上之當道以重
法繩之遣戍者三人自是權貴惕然邑無騷擾
去之日老穉號泣隨之懇留衣[illegible]寄思焉

沈立敬溧水人簡約裕民凡陋規悉行釐革至今便之擢叙州别駕

張學書廉明仁恕先是慶有窩鹽之害官吏受賕役丁夫由龍泉轉運抵邑高騰市價使舖戸屯賣鹽復穢惡食者致病商坐賺盈額致鹽戸傾家鬻子女以償公目擊民苦詣鹺院請命願免官以除民害鹺使可其請咨部毋歲納包引課銀四十一兩八錢二分不許窩鹽屯賣乃著鹽書以垂永久民困始蘇又礦稅徵溢額數倍公

為裁損僅足額而止當道又檄民充木戶鄰邑騷動公獨申地僻民貧不產巨木卒賴以免他如罷里甲錮贖鍰至割俸以充費涖任三載辭刑息訟課士賑貧葺豺祭畜公號於城隍明日遂迎至有自斃於[illegible]者一時稱異尋擢守貞安化考[illegible]績有贈金佐道里費者卻不受相與建祠祀之後商鹽復至民益思公不置云

[illegible]民美萬安人方正慈儉邑自蠡水為災田多漂沒民苦輸稅而糧里復增額外之費公條上草

禁之歲省數百金發倉賑恤單車徧行村落戶
閱而賑給之
樊鑑風雅有才政多更新龍山諸勝皆其開創邑
政卧理時登山遊宴賦詩民以風流仙令稱之
楊芝瑞廉明勤敏令行如風雷凡有益於民社者
無不盡心尤以作新士類爲首政修城濬池[illegible]
隘建詠歸橋補天閣修堰灌田百廢具舉黌[illegible]
有功民獲生全壽陞武定知州卒於官祀名宦
國朝

鄭國位遼東人精明廉幹慈愷愛民政治井然可觀年甫十九而老胥猾吏不能舞文弄法重建楊公左橋民無病涉待士誠禮交致合庠德之卒於官士民哀悼不忘

王之垣絳縣人仁恕強明苞苴屏絕惠民愛士有良吏風未二月卒於官囊橐如洗合邑驚悼不已購之柩乃得歸

高嶙寶雞人練達勤敏動應機宜公餘賦詩臨池有李北海風建城隍廟尙書坊濬泮池治行多

可觀焉

程維伊楚黄人至誠愷悌涖任九載塈城樓清地畝蘇揾困修邑乘建橋梁百廢俱興尤加意人材置育英儲英二莊召邑弟子員課藝其中并買租田作文士鄉會兩試之費丙午秋爲同考官當湖陸子清獻即其門下士也次年延居絳帳風爲丕變辛亥歲再饑單騎詣勘力請題疏蠲免丑供一千四百二十兩有奇後以憂去士民如失慈母

李衷纁直隸舉人嘉慶間任時戎燹之後[illegible]纖擢撫殘黎頓以復業適遇採辦大木公以地方彫敝不堪任役力爲減辦又立文社於石龍山寺親自課藝其中朝夕饘膳悉捐俸以給至今談者有千載一時之感焉

鄒儒樂平人政主愛民而事必依法凡勸課農桑完糧輸穀皆畧官民之分儼若家人父子互相勸勉至于奸宄蠹書則必盡法懲之不稍貸也邑向無肄業地獨捐己俸建對峰書院置田租

以作師生脩脯膏火之資即各鄉家塾亦常載酒餚紙筆以勸課之在任年半以讀禮歸所著有松源偶紀企嶧時文淯陽經解行於世

羅岳珪晉江人簡潔厚重審理詞訟箠楚不濫尤加意人材邑有篤行勤學者厚禮待之卒於署

多澤厚由舉人署縣事廉静寡慾不事刑威公餘常召諸生講學先品行而後文藝生平工於楷書學者宗之

李芾三原人清謹有惠政時奸商妄聳　上憲復

圖拯害公獨勤勤懇懇再三申詳蒙　各憲仍
以聽從民便批示合邑始不驚擾
唐若瀛陜西人潔己愛民尤崇儒重道時　文廟
傾圮捐俸倡新涉冬夏不倦後以憂去
董暈縉由舉人知縣事衣麤食糲一介不苟凡公
出行李蕭然寒士工於書寫因不阿上官左遷
教諭郎任時猶以勤學力田囑咐士民
朱鍾麟由戶部主事改試用知縣署本縣僅三閱
月聽訟明敏凡累年未結案牘讞斷一空民無

囂訟後調諸暨知縣

莫景瑞瓊州人秉性耿介同寅契友並不敢干以私善氷鑑士民或良善或奸巧一經品題罔不恰肯每斷大案必誓告神明因無冤獄後以憂去寄寓搭耙宦橐蕭然

黎葆醇江西南昌人博雅仁愛奉檄署理慶篆甫到任路至竹口一聞慶饑先行發諭糶濟並以開倉須候詳准乃可公忿然作色曰如候詳諾則往返多時吾民不堪生矣倘以先糶後詳受

罪救萬民罪我一人可也其罪我合當之卽毅然躬濟闔境沾惠民賴以安且留心訓課振作士風闔庠感戴不逾年尋陞瑞安知縣

鳴山正白旗人寬慈大度政尙愛民不事嚴酷聽訟時雖得其情猶存矜恤歲歉平糶出入公平民皆悅服而且捐俸二百餘金倡修 文廟尊師重道優禮士林旋陞山陰士民感激

呂璜廣西永福人以進士擢署慶元知縣明決果斷民訟卽時判結終日身[illegible]宅門內大堂旁側

查察奸蠹稍有胥差[illegible][illegible]無不盡法懲治咸稱

神宰每與諸生講論詩文儼若師生前張程二

公設置儲英育英二庄田租助士人鄉會試資

費幾至有名無實公釐剔改正俾沾實惠又捐

俸銀一百餘兩買大坂洋田租五十餘把添作

士子資費公纔逾年即讀禮卸事臨行猶與士

民不忍別

樂韶雲南普洱人磊落魁偉廉明慈愛重士恤民

建造嬰堂以廣好生祭神逐虎而息民患胥差

歸農囹圄空虛尋調蘭溪知縣去後人猶念之
黄煥雷州遂溪人清慎明慈修廢舉墜建造 文
昌後殿重修石龍山亭復設社義倉穀以備歲
荒疏通城內水道以防火患培養人材士沐其
惠減價平糶民沾其恩後以[illegible]去官橐蕭然闔
邑士民餽贈而歸

明縣丞

魏明德創始立法愛民猶子時青田寇葉丁香吳
達三等作亂竊伺延安侯統兵剿捕侯以邑之

二都與賊連境欲戮其衆丞乃直抵軍營泣渝白侯曰吾邑民悉從化無從盜叛逆者丞戮之是汙良民也請以身代侯重之其事遂寢民得全生至今咸蒙其德

王延相吳縣人清介自持臨事不苟胥役不得售其奸後以病卒于官宦篋蕭然止餘柴薪銀肆兩清操聞於一時

明主簿

劉茂時山寇夏清四等連肆侵掠不時逆縣民十

貼席公率居民吳德聞等設攻禦禦賊鋒民賴

安堵任滿陞河陰知縣

教諭

元

董蘷樂平人至正間三領鄉薦授慶元學正敦學

礪行學者一時不變繼拜端州路録事撰武初

召拜國子録所著有二蘷辨四書疑問平橋詩

文集見樂平縣志

明

鄭師陳莆田人明教授嚴考課講明經義士風丕變諸生德之弗忘

王國相晋江人博古能文作易經講意訓諸生考課藏勤士氣振作尋擢廣東瓊山知縣

毛存奎松慈人古雅淵博善著述訓誨不倦士類德之以宋知縣富嘉謀經始有功明知縣曾壽抗節不屈特爲題請從祀名宦大協輿情著有輯禮編閩邑弦誦尋歸士民送之有流涕者

徐應亨蘭溪人純厚敦重爲士典型博古工詩賦

著有十笏齋稿四十卷行世

國朝

駱起明諸暨人敏捷有氣節善藻鑑人品專以公車業課士文風丕振尋陞鷄澤令

張晉餘姚人性寬和有盛德厭譚勢利以文行訓士閭庠衣德以病卒諸生哭之皆失聲士民歛貲合賻旅櫬始得歸里

孫之騄錢塘人性耿介博極羣書年逾六旬日與諸生講學不輟所著有松源經說夏小正集解

松源集等卷行世

孫源烏程人性和煦不苟言笑至與士子講解詩

文必曲盡其妙壽陞知縣

錢廷錦會稽人由副車充八旗教習出就本學教

諭敦厚貞介不苟取與而又和易近人常以品

行訓飭士子卒於署合庠聘之旅櫬始得歸里

章觀嶽瑞安人氣度嚴凝才幹優長尤加意造士

必維持愛護以振士風闔庠德之

朱鋼寧波鄞縣人溫厚和平樸素耿介訓課士子

先重品行而文次之嘗以三不辱教爲保身全家之法解組時十二不忍刻所著有花屏山亭記

鄭之良承嘉人性姿磊落書法雄勁有學有才訓課之暇士人有控爭者即招署理釋惜遣疾而終閤庠賻之歸里

林大經寧波人古親古心禔躬謹飭訓課生童不討脩脯先品行而後文藝士林咸高其誼

查世瑛嘉興人涵養深純耿介自矢日與生童講學不倦凡進質詩文即面爲改正無不出風入

雅士多景從文風丕振

馮春潮會稽人學問閎博姿性磊落口不言私行多古道凡探奇審問有叩則鳴不憚窮源竟委詳發其奥且謙而有禮所著有金帚集詩刊行於世

訓導

明

李文魁古田人秉性端嚴持身不苟立科條勤教誨有古人風諸生歲考貧不能往者詣學金濟

之與知縣何鰲同官時有縣學雙清之譽

吳從周邵武人性剛直博學好詩視邑篆益加清愼時山寇臨城公誓以死守至七日賊遁去以城西在山之下懼寇登攻遂申請當道改築西城跨山之巔捐俸首築二丈以爲民式保障之功居多尋陞國子監學正

國朝

莊時峨鎭海人和平樂易雅尚清操與生徒接不談勢利亦不專論文章士林德之如坐春風

胡曾肇德清人博通經史與諸生談論典故凡諸子百家無不源源委委校閱詩文悉爲元圃之光士風從此益振

王壇字蔚堂山陰人博學多識書法豪邁而且平易近人不談勢利與士人講論詩文恍如披雲見月畧師徒之分儼若家人父子誠信宅心忠恕接物闔庠德之壽陞廣東知縣

陸泰交歸安人博學閎詞操履清潔尤雅意造士日與諸生校閱詩文孜孜不倦惜遇疾而卒闔

岸賊之歸

王勉齋山人襟懷瀟洒博涉羣書訓課諸生援典

則滔滔不竭而尤工聲韻脱口如生

道光二十三年補刻知縣

湯金策號西山，河南安陽人，嘉慶戊寅舉人，道光十六年署任，補宣平縣知縣。

沈中號砥齋，奉天錦州人，道光癸未進士，十八年莅任，次年五月卒於處郡。

張承炳號子文，四川人，處州府經歷，道光十八年六月代理。

楊炳奎號文躔，陝西長安人，嘉慶丙子舉人，道光十八年署任，補淳安縣知縣。

宋琛號丹崖，直隸灤州人，嘉慶癸酉舉人，道光十九年補授，十二月莅任。

蔣光驛號炯甫，江蘇吳縣人，署麗水縣縣丞，道光二十三年代理宋邑尊篆，缺七月蒞任。

補刻典史

馮光周　湖北蘄水人道光十六年署任

沈仁　號逸莊江蘇長洲人道光十七年署任

王九如　道光十七年署任

余枚　順天大興人道光十七年蒞任

唐覲　江蘇吳縣人道光十八年署任

江承訓　號祖堯江西新城人道光十九年蒞任

補刻教諭

倪始渭　會稽人廩貢道光十三年署任

呂榮華號春泉嘉善人嘉慶丙子舉人道光十四年蒞任二十年初次俸滿驗看留任

補刻訓導一一

錢嗣濂號蓮友象山人歲貢道光十三年蒞任

洪時濟號未山遂安廪貢道光十六年署任

章　復號曹山會稽人嘉慶己卯舉人道光十七年蒞任

慶元縣志卷之九

知慶元縣事吳綸彰重修

知慶元縣事朱　琛補刻

選舉志

進士　舉人　徵辟　明經　例貢
援例　武職　貤封　恩蔭　耆介

王制命鄉論秀升諸司徒曰選士大樂正論造士之秀者以告於王而升諸司馬曰進士此制科所由始也自鄉舉里選之法廢而科目興由漢歷明遷途寖廣有進士有舉人有歲選有例貢有徵辟有人材與夫武職援例貤封恩蔭不一其途我

朝定鼎一遵舊制百三十年士之爭自濯磨者罔不奏名禮科矣惟爾慶邑自南渡以來前徽可溯由明迄今選舉絕少豈真地遷使然歟昔胡爲而人材蔚起今胡爲而科第寥落人傑則地靈是所望於繼起者

志選舉

進士

孝廉取士自漢有之進士設科則昉於隋慶雖編小分治以後第春官膺薦舉者代有其人明迄中葉治無聞焉

國初獲雋一人又不多覯乾隆己丑姚棻中書舉[illegible][illegible]

遲策名雁塔姚子華以辛卯舉孝廉不得謂鬱

莒小邦無與會盟也爾多士其共勉之

宋

天聖二年甲子科宋郊榜

吳　穀官至太子賛善改殿中丞有傳

景祐元年甲戌科

吳　轂濠州知府特授守秘丞有傳

熙寧三年庚戌科葉祖洽榜

吳　桓長興人字有傳

熙寧六年癸丑科余中榜

吳　翊滄州通判有傳　吳　昇潭州教授有傳

熙寧九年丙辰科

吳　庸官侍制學士贈少師改名佾舉有傳

大觀庚寅科

劉知新狀元及第仕綿州知州有傳

政和二年壬辰科莫儔榜

吳彥申秀州司理參軍有傳　吳　逵東平州鄆州

吳　兢本府通判入祀有傳　吳　樞嘉興知縣入祀有傳

紹興二十四年甲戌科張孝祥榜

陳嘉猷由神童科官禮部尚書有傳

隆興元年癸未科

胡　紘官吏部侍郎有傳

嘉泰二年壬戌科傅行簡榜

吳懿德官廣州通判有傳

嘉定元年戊辰科

王應麟給事中有傳

嘉定七年甲戌科袁甫榜

吳　淇户部侍郎有傳

嘉定十三年庚辰科劉渭榜

吳八可湖州總幹

寶慶二年丙戌科王會龍榜

吳巳之知杭州府有傳

嘉熙二年戊戌科

吳　椅鄂州知州有傳

寶祐四年丙辰科文天祥榜

吳松龍松溪縣尉有傳

明

永樂十三年乙未科

鮑畢西隅人南京禮部主事有傳

嘉靖八年己丑科

胡倖行人有傳

國朝

乾隆三十四年己丑科陳楚哲榜

姚梁後田人中式二十名官内閣中書

舉人

明

永樂三年乙酉科

姚　琪上倉人衛輝府通判有傳

永樂九年辛卯科

吳仲信上管人泉州府通判有傳

永樂十二年甲午科

葉　祥西隅人有傳　　鮑　畢西隅人乙未科進士

永樂十八年庚子科

趙　樞南門人雅州學正有傳　吳仲賢三一都陳村人有傳

永樂二十一年癸卯科

吳　源安溪人淮安府經歷

正統六年辛酉科

鄭　熊

成化辛卯科

吳　譽安溪人建寧訓導有傳

宏治八年乙卯科

吳　澶下營人常德府推官改安吉縣通判有傳

嘉靖七年戊子科

胡　倖　廣西儀衛司籍己丑科進士

隆慶丁卯科

姚　英　後田人廣州府同知

萬曆九年壬午科

姚文焜　後田人順慶同知有傳

國朝

順治丁酉科

葉上選　後田人順天中式第三十三名會稽教諭

乾隆乙酉科

姚梁 順天中式第三名，己丑進士。

姚華 後甲人，辛卯科舉人。

嘉慶己卯科武舉

吳芬 上管人，現任嚴州把總。

元

徵辟

吳平 上管人，授松溪尉，轉瀟湘尉，遷嶠世立，崇陽知縣。

姚燊 邑主簿。藥山城北門人，瀛商府尹。

明

林存中 北坑人，南雄府通判

葉仲真 黔陽縣主簿

葉世卿 福清知縣，一作仕卿

吳達 上管人，鎮江知縣

吳子榮

吳鐵 上管人，授延平尹

吳子達

楊彦舉

陳禮宗

童德琰 外童人，博羅縣丞

童義方 外童人

潘錫歷 下管人，豫鹿西衛經歷

吳河 下管人，順慶府照磨

吳[illegible] [illegible]衛烏撒軍民府照磨

吳仕安 下管人，泉州通判

吳元鐵

吳元益

吳偉

姚仲剛　　吳子昇上晉人廣東知縣
蔡得興東陽人工科給事中　吳鸞以上俱人材
明經即貢生
選舉之下有明經考前代三途並用名雖不同
而其始進以正則一也欲釐其年譜貢表又曷
可少歟
明
洪武年
葉廷脩十三年恩選、滿城知縣　吳道保

吳　熊　　崔　中浮梁縣丞

吳　琄大街人山東監察御史有傳　　吳　佐大庚知縣

楊　溢桂平知縣　　潘　鈞下管人

周　深州判官

永樂年

吳　杰下管人刑部主事有傳　　楊　鉎

吳　禮上管人撫州通判　　吳　坦

吳　愈寶府推官　　吳　陳沅陵知縣

姚永誠後田人蘇州府衛經歷　　姚永黠後田人

姚永增後田人　吳秉初商河知縣

葉洪賢良人　姚克平後田人山西行都司經歷

姚茂誠　姚永勳後田人

季存欽後田人建平訓導　吳長壽池州府通判

吳子深上管人香河知縣　吳子興上管人南陽府推官

吳　象上管人

宣德年

周文廻　謝智清後田人臨安知縣

葉慧清　楊志高

朱　寧汀州府訓導　　賴景行中潦人經歷

正統年

劉存壽　　鮑　琦西隅人零陵知縣

林　敏北坑人　　林　澧北坑人曲阜知縣

葉　盛柿見葉人經歷　　楊　誠主簿

景泰年

姚道澄敘州府通判　　姚公器池州府檢校

吳　璵上管人　　葉道隆東隅人

天順年

夏大進　　吳　輔 賓縣訓導

葉　興 北門人　　李　勛 西隅人，邵陽知縣

成化年

吳汝楨　　周宗林 九都蓮塘人，汀州知縣

夏道保　　陳　洪

楊　善 主簿　　吳　潭 下管人，中宏治乙卯科舉人

吳　盛　　葉惟智 東隅人

周鳳岐　　吳　洪 撫州府經歷

陳　茂 高明教諭　　李　海 西隅人

宏治年

吳文 上海縣丞有傳　吳紀 上饒人恩選瑞金知縣

吳若 上饒人延平經歷　陳道惠 下饒人恩選考授縣丞

葉泰 南陽縣主簿　吳鏞 上饒人

葉儒 西隅人　吳贊 杭橋人連城知縣有傳

劉青　周鐸 鄖西知縣

吳節 西隅人新建縣丞有傳　吳珦 底墅人莆田縣丞

正德年

吳晏 上饒人東平州訓導　吳克禮 西隅人有傳

周鎮 河南光山人，司經歷　吳顯 信三都人，教人

葉濂　李茂 湖廣人，沙縣縣丞

吳烈 授州判，衛經歷

嘉靖年

吳壽 衛城訓導　周瑛 南城訓導

葉文彬 龍門人斯，瑞主簿　周塤 漳平教諭

吳霽 松橋人宦州，同知，有傳　吳宇 下管人，將樂知縣，有傳

吳伯齡 西隅人，竹溪通判，有傳　陳裕 黃梅訓導

金廷選 後田人　吳轍 修仁知縣

葉廉　　葉寵廣西按察司經歷
夏懋山根人北濟知縣　　吳大豪西隅人建昌知縣
吳安下管人武進縣丞　　吳繼翔建昌主簿
葉春高州府通判　　吳伯儒西隅人昌化知縣
周杲東鄉教諭　　葉文溥北門人崇府典儀徐州州判
陳璋下管人　　葉相北門人分儀訓導
周輅周墩人鈞州同知有傳　　周相周墩人
陳祚下管人台州府教諭

隆慶年

姚文銓後田人　吳　比

周期科西隅人恩選　吳　述下管人無錫縣丞有傳

吳　蓋杭橋人光祿署丞

萬曆年

葉孔舒後田人元年恩選　葉沾雨札門人

吳　淵杭橋人　吳文瀚底墅人縣丞歷儀徵知縣

吳子直上管人　季良璣西隅人

姚文溫後田人中壬午科舉人敀各文娼

葉建祥東隅人恩選尤溪知縣有傳　吳文淑上管人延平府訓導

吳文源 底墅人豐城知縣　姚文瀾 後田人永嘉訓導

葉應惠 東隅人　季叔明 西隅人無錫縣丞有傳

吳世勳 西隅人恩選廉州府通判　姚文汀 後田人

吳慶會 上管人恩選漢陽知縣有傳　周時佐 周墩人永豐教諭

周一桂 周墩人武義訓導　胡泮 官塘人恩選高要訓導

周宣 西隅人於潛訓導　吳廷叙 淤上人常山訓導

吳溢 上管人仙居教諭　吳敦倫 下管人玉山教諭

葉一陽　陳益國 東隅人平陽訓導

吳芥 東隅人湖口教諭　葉應選 東隅人建寧府衛經歷

葉　翻　後田人案陵州州判

泰昌年

姚允元　上倉人恩選梓潼縣知縣

天啟年

吳光第　西隅人恩選安福縣丞

吳國紳　上晉人京選訓導

葉咸章　後田人尤溪縣丞

周班祿　西隅人程鄉主簿

季時芳　西隅人湖廣岳州衛經歷

崇正年

吳其昌　杭橋人恩選光澤縣丞

葉應遇　二年援貢

姚汝嘉後田人撫州府訓導　葉廷神東隅人

吳高薦東隅人太平訓導　吳延年西隅人興化訓導

吳一[illegible]下管人　吳希點上管人惠來知縣

吳溆西隅人　吳行可西隅人建陽訓導

吳高提東隅人十六年貢　葉初生北門人河南巡檢

國朝

順治年

吳鳳翔西隅人恩選新寧州知州有傳　吳自明下管人紹興府教授

吳逢昌杭橋人歸善知縣有傳　葉馨然東隅人八年恩選岳陽知縣

吳貞明下營人吉安永豐縣丞　葉上選後田人恩貢中順天丁酉舉人

王錫俸竹口人仙居訓導　吳王眷下營人樂清訓導有傳

葉時秀恩選滕縣知縣　吳世臣下營人桐廬訓導

吳麗明下營人考授訓導　葉廣生北門人

康熙年

季時英西隅人恩選　陳　箴下營人授訓導

葉馥然東隅人樂清訓導　吳美中西隅人授訓導

吳之騏上營人考授訓導　吳于秦上營人

吳運光下營人壬子浙江中式副榜　吳王賓下營人

周亶明埜宅人十三年貢　季灯西隅人

葉喬林上葉人戊午貢召考訓導　葉賡松北門人

葉翻然東隅人三十三年拔貢　胡嘉孝左溪人辛未貢

季時亨字國昌黃壇人　吳冲下管人

葉廷科恩選　吳于昊

吳瑛竹口人恩貢考授州判　吳鎬下管人拔貢

吳鏐下管人拔貢　吳柟下管人孝豐教諭

吳若儀　葉珪後田人

鮑知我西隅人　吳守一楊家莊人

余　勲徵仕人　　季　珩西門人歲貢訓導有傳
吴孚中慈溪訓導　　葉鳳鳴
吴　鐙下管人　　王時起東關人
王之漣竹口人　　吴廷鏘
吴王春上管人　　吴秉鐸楊家莊人
吴　珩竹口人五十七年貢　　吴令杲上管人
葉以瀚北門人　　周大訓埜塘人拔貢
吴如恒　　葉　藻
周　寧　　吴　澍下管人

雍正年

吳元琯下晉人拔貢　吳名正下晉人

吳令德上晉人　吳爔下晉人

陳于疇下晉人　余栐後田人

乾隆年

姚必觀乙卯拔貢原任畢節縣知縣著有紫瀾文稿寸莛編詩集

李學洙西隅人丙辰恩貢　李期敏西隅人丙辰貢

余槐後田人戊午貢有傳　姚大霖後田人庚申貢壽昌訓導

周之冕後田人辛酉貢有傳　吳得訓竹口人辛酉拔貢選直隸州判

吳之煥 廊下人壬戌府學貢
吳 霈 下管人丁卯貢
余 滋 後田人丙寅貢有傳
季鍾倩 西隅人戊辰貢官寧海訓導有傳
周宗濂 埜宅人庚午恩貢
周德望 周墩人
吳 沆 下管人壬申恩貢
吳又䑯 杭橋人壬申貢授會稽訓導不仕
姚繼亮 後田人甲戌貢
葉永昂 賢良人丙子貢
吳世名 上管人戊寅貢
姚 梁 後田人己卯優貢乙酉順天經魁己丑進士歷官内閣中書禮部主事刑部員外廣西陝西主考山東學政饒州知府川東兵備道江西廣西按察司辛酉河間府知府
姚君厚 上倉人庚辰貢有傳
吳三錫 上管人壬午恩貢
吳夢麟 後田人壬午貢

姚必彪 後田人甲申貢
姚　宋 乙酉拔貢覺羅宗學教習泰順教諭

余　漳 後田人丙戌貢考授訓導
余　鐇 後田人庚子貢

季　炳 黄壇人廪貢任西安訓導
姚璽鏘 上倉人庚寅貢

吴　燦 下管人壬辰恩貢
季天懸 西隅人壬辰貢

吴元棟 後田人甲午貢
葉　英 後田人丙申貢

姚　濬 後田人丁酉拔貢四庫館議敘分發江西候補布政司理問莛昌撫州吉安通判

楊樹朝 竹口人戊戌貢
余懋耀 後田人庚子恩貢

吴于漣 西隅人庚子貢
姚　黄 後田人壬寅貢

田聯潤 竹口人甲辰貢
周宗滋 埜宅人

季　蒼西隅人丙午恩貢　吳炳學杭橋人丙午貢

王紹曾後田人戊申貢　姚漢墀後田人己酉拔貢

吳象豐上管人庚戌恩貢　范連楫後田人庚戌貢

姚　燕後田人壬子貢　葉向榮桃坑人甲寅貢

嘉慶年

吳公選水門人元年丙辰恩貢道光五年奉部選授分水訓導

姚　琴後田人丙辰貢　吳國華底墅人戊午恩貢

周翰才上庄人戊午貢　吳先經上管人庚申貢

余　塏後田壬戌貢道光十一年奉部選會稽訓導

陳紹虞 蔡川人甲子貢　　周　原 東隅人丙寅貢

范連盛 大岩人戊辰貢　　王聯治 竹口人庚午恩貢

陳啟治 蔡川人　　姚滄枬 後田人庚午恩貢

范邦槐 大岩人庚午貢　　余　鈞 後田人庚午郡貢

楊思震 八都人壬申貢　　姚潤梧 後田人癸酉拔貢

吳登瀛 西隅人甲戌貢　　吳一桂 西隅人丙子貢

周大成 後田人戊寅貢　　柳光原 高崇坑人庚辰恩貢

季應坊 黃壇人庚辰貢

道光年

劉一魁合湖人壬午恩貢　葉之茂東關人壬午貢

余銑後田人甲申恩貢候授州判　季照西關人甲申貢

姚鈞培原名樹培道光乙酉拔貢湖南候補直隸州判歷署桂陽州州同澧州州判長沙湘潭瀏陽各縣縣丞甲午科湖南鄉試聘調簾官

田嘉脩竹口人丙戌貢　周公佑上游人戊子貢

季應塏黃壇人庚寅貢　葉郁文道光十六年丙申恩貢

例貢監生援例附

明經之後有例貢其原蓋出于漢如崔烈者無論已若張釋之黃霸其始納粟助邊其後治績昭著爲漢名卿安得以貲進而少之

明

吳克義 西陽人
周　壐

葉　秀 後田人
吳　怡 西陽人無爲州吏目加捐州同

周　堂
吳叔原 西陽人山陽縣主簿

吳叔京 西陽人
吳　儒 下管人鴻臚寺序班有傳

吳　穆 西陽人按察司經歷
吳承宣 西陽人

葉芳嘉 長盧鹽運司經歷
葉　銘 後田人雲南都司正斷事

吳　俸 下管人廣東瓊州府通判有傳
吳承教 上管人廣東按察司知事

吳　伸 下管人陝西苑馬寺開城監正
葉自立 後田人天津右衛經歷

葉天贊 西門人將樂主簿　吳承燾 上倉人太倉州吏目
吳應求 下管人　吳言儒 西隅人壽州衛經歷
周徽 周墩人大寧都司經歷　吳逢熙 杭橋人
吳化 下管人　葉三陽
吳曉 杭橋人　葉自嘉 後田人
吳絅 杭橋人鴻臚寺序班　姚夢熊 後田人
吳南明 下管人黃岡縣丞有傳　吳晉明 下管人
吳鳳起 西隅人順昌縣丞　葉春盛 後田人遂州吏目
葉自超 後田人　葉春鋐 後田人懷仁典史

吳之麟 下晉人　葉嶽然 東隅人

周京典 周墩人　姚巖光 東隅人

吳榮烈 底墅人　吳文泮 底墅人

國朝

季煒 西隅人南寧府照磨有傳　姚必騰 後田人增貢

姚鐸 後田人瑞安教諭隨征閩臺以軍功擢瑞金知縣

王朝燦 根竹山人　季熯 黃壇人附貢

季燻 黃壇人附貢　姚澍 後田人附貢

姚涵 後田人　姚修 東隅人監貢

張秀挺 東隅人廩貢　季應坡 東隅人附貢
姚鸞 東隅人由增生議敘州判　姚崇恩 後田人授甘肅河州分州

國朝

監生

吳銓臣 考授州同　葉時郎
吳若儼　姚軾 後田人考授州同
季鍾聲 西隅人附監　吳敓
吳松年 下管人　季錞聲 西隅人附監
姚轍 後田人考授州同　何金鼎 張地人考授縣丞

吳恩源陳村人考授州同

吳澄源陳村人考授州同

何玉瑞張地人附監

吳名英下管人考授縣丞

吳煥祖黃坑人考授縣丞

吳新銓竹口人

周廷顯仙庄人考授縣丞

吳繼昌西隅人

吳　臻竹口人附監

吳德唐下管人附監

楊　鰲

吳安衆上管人附監

陳廷獻廣泥湯盈人附監

姚汝霖後田人考授縣丞

姚廷芬後田人考授縣丞

何金鑾張地人附監

姚承恩後田人例授州同捐輸社義穀壹千石例加一級又加捐隨帶壹級

援例

明

吳邦度　　吳叔定西隅人主簿

吳藪上管人修武縣丞　　練閑

吳堂　　周德澤

姚佩　　吳舟和鎮江衛知事

吳廷拱上管人池州知事　　吳文潤底墅人福州鎮東衛經歷

葉世傳　　姚守謙

姚啟善役田人寧鄉主簿　　姚啟謨上倉人

葉廷稷　李時林

張孔正　吳思謨上管人吉安典史

葉　忠東鄉縣丞　吳思謙上管人鎮江府照磨

姚大齡後田人靖江縣丞　吳起英下管人瞿塘衛參軍

吳登名西隅人昕明府經歷　倪養謙洋艮人城都府護軍經歷

楊應元八都人縣丞　吳德鳳下管人肇慶府照磨

吳恩讓　姚守善上倉人經歷

葉初華　吳　澳

吳思訓　葉春奇

姚國瑚上倉人鎮江衛經歷　葉成章[illegible]人

葉常秀水門外人照磨　吳登朝

葉長芳水門人　葉自章後田人

葉自舉後田人授同官典史　周昆銘西隅人典史

周一郁周墩人徐州衛經歷　陳撰賢東隅人

吳衍慶上營人湖廣光化典史　周郭周墩人陝西行都司經歷

吳逢熙梳橋人　葉春芳後田人大理衛經歷

趙應宣西隅人　吳登壽西隅人

周時惠周墩人　吳承明西隅人

葉春光後田人湘陰縣丞　葉春美後田人鄜州吏目陞太原衛經歷

葉春葵後田人普安衛經歷　葉應鑰西隅人河南唐府經歷

吳鼎鉉下宮人從化縣巡司　吳宏江西隅人溫州府倉大使

姚運泰後田人　周言揚西隅人

吳邦允梳橋人　吳道嵩後街人

葉常脩水門外人　鮑顯奇上滐人

姚一麟上倉人授經歷　周攀龍後田人

吳泰璘西隅人灌陽經歷　姚家棣後田人南雄保昌縣丞

吳晉侯下宮人　吳學亮下宮人

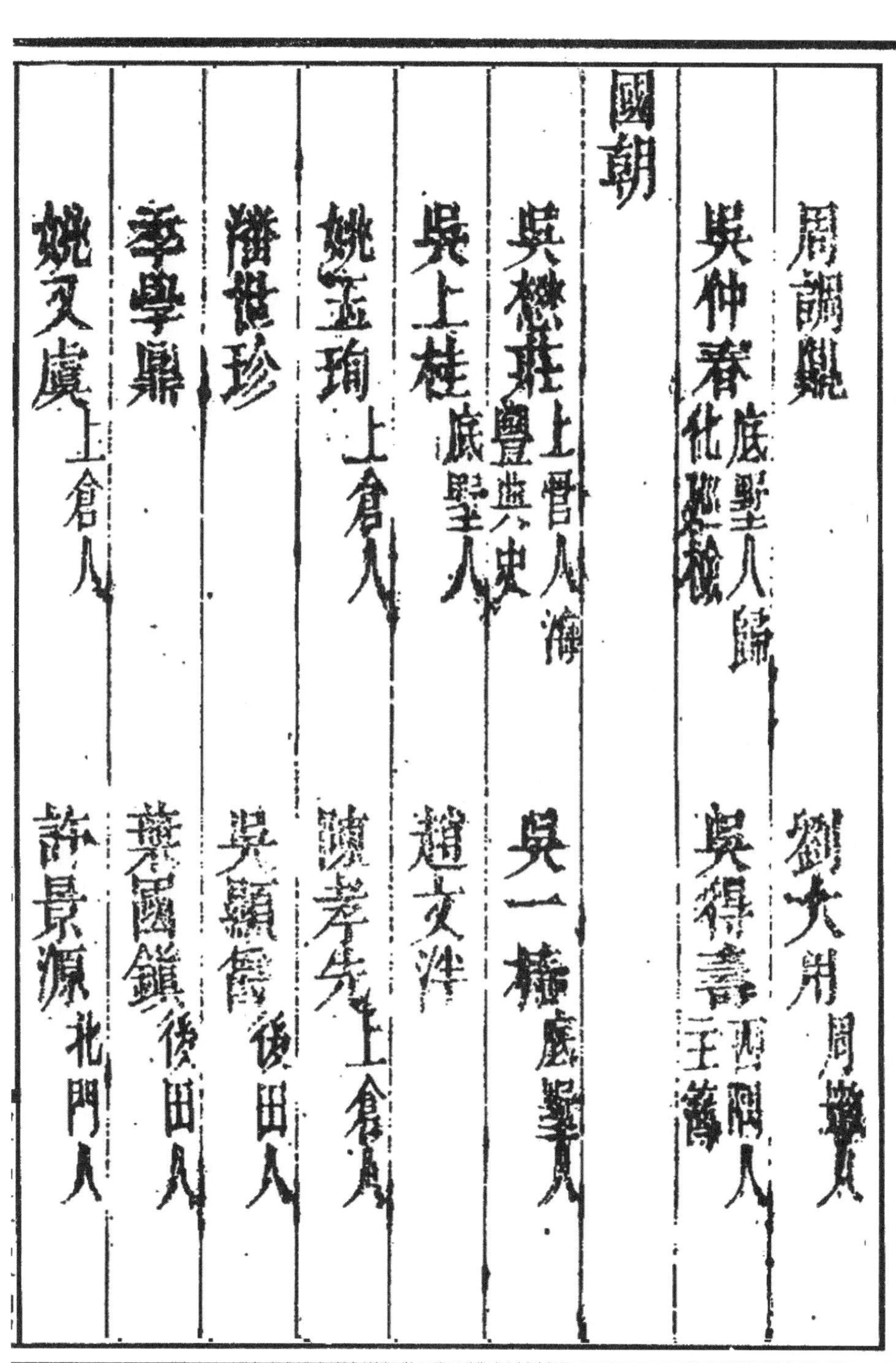

周調鼎　劉大用 周寧人
吳仲春 底墅人歸化縣檢　吳得壽 西門人主簿
國朝
吳懋莊 上曽人海豐典史　吳一橋 底墅人
吳上桂 底墅人　趙文泮
姚孟珣 上倉人　陳孝先 上倉人
潘世珍　吳顯儒 後田人
季學鼎　葉國鎮 後田人
姚文虞 上倉人　許景源 北門人

周宗錦 埜宅人　　吳啟爍 江根人

周承烈 上倉人　　葉祖蔭 後田人

洗起 上洗人　　吳起元 後田人

武職

聽鼓鼙而思將帥之臣，歌大風而懷猛士之守。豈不以赳赳武夫爲有國干城之寄哉！人生在世，既不能遊心藝苑，亦當奮志疆場，如能榮親蔭後，詎謂之無負此生也可？

元

葉國英 北門人義兵萬戸有傳　姚桂 處州管守禦萬戸

葉德善 北門人處州衛千戸　姚坤 平陽衛中所千戸

葉德新 義兵萬戸　姚彥安 義兵千戸有傳

姚埧 陽和衛副千戸　吳求 上管人本府本衛鎮撫

吳繼延 西陽人指揮　吳丞轍 上管人指揮

明

楊呂 竹口人撫按千總　周仲章 蓬塘人處州千總

吳之琮 上管人建寧守備未任卒

國朝

李茂 處協標下千總駐防本縣　吳爾賓 參將鎮守陝西陽平關

吳陳仁陳村人延平副將

吳握瑜陳村人汀州守備

吳詔功有傳

葉伏祖北門人衢州都司

吳壽男上營人有傳

吳新明後田人義兵附貢守常山

吳肅常陳村人處鎮標下外委駐本縣

吳文鎰西隅人義兵千戶陣亡

吳三梘西隅人常山遊擊

吳千壽西隅人劄付同知

王殿桂竹口人興化守備

王奇郎上源人汀州守備

季國齊豐垣人浦城千總

吳　芬上營人已卯舉人現任嚴州把總

吳廷標西隅人襲恩騎世職現任嚴州千總請補守備

貤封

宋

吳崇煦以子穀贈大理寺評事

吳敬以子桓贈丞事郎

吳彥持以子孝友贈丞事郎

吳嶷以子兢贈左朝議大夫

吳世雄以子淇贈迪功郎

吳詢以子巳之贈承事郎

吳彥常以子季賢叙贈成忠郎

明

姚淤以子珙贈文林郎

周大澄以子鎮封河南布政經歷

吳在以子紀贈文林郎

夏遠以子懋封南京留守司經歷

吳志伊以子行可贈修職郎

龔琰以子自畫贈徵仕郎

吳蔡堯以子希點贈文林郎

國朝

姚軾以曾孫桀贈通議大夫江西按察使司按察使

姚大霦以孫粲誥贈通議大夫江西按察使司按察使內閣中書

姚必時以子粲誥贈通議大夫江西按察使司按察使

季上機以子炳贈脩職左郎

恩蔭

宋

吳世美以父昇授相仕郎

吳孝立以父翊蔭歷官海鹽縣事

吳彥舉以舅季承授盧城尉

吳　蒙以外祖奉奏補將仕郎

明

姚　桂襲父彦安蔭授千戶

葉員貞襲父得新蔭授萬戶

國朝

吳顯宗以父詔功殉難蔭衛千總

吳嬰捷以父壽男殉難蔭衛千總

吳鳴豫以祖詔功蔭授千總

吳何稟以祖壽男襲恩騎尉

吳豐榮以祖詔功蔭授千總

吴履祥以祖寿男袭恩骑尉

吴廷标以祖寿男袭恩骑尉

耆介

乡饮之礼自古有之，明制中诸郡邑亦多举行。庆虽僻处山陬，代不乏人，官斯土者既以礼教为急，亦当列以风世。但旧志散失无从征信，今就其有可考者核而载之，俾为善者知自励云。

国朝

康熙年

吳汝康西隅人言正行方
吳榮好二都人
吳榮德際下人
葉應亮槃度坑人
周永春池湖人
葉日朝賢良人
吳自選底墅人
葉春標東隅人
葉喬秀東隅人介
吳溫玉上管人典型夙推一鄉善士
吳榮本三堆人
吳成亮車根人
吳世有車根人
葉日龍賢良人
吳一椿底墅人
吳元吉底墅人介賓
吳元奎底墅人
吳世哲後田人介賓有傳

王繼滔 竹口人　王繼沂 竹口人

吳元徵 竹口人　周文孟 竹口人 介賓

雍正年

葉伯楠 賢良人　葉華吉 賢良人

葉一舉 賢良人　周來鳳 後田人

周良翰 後田人 介賓　周有尚 後田人

乾隆年

吳維翰 城內人　吳玉眷 上管人 介賓 碩德望重

吳上位 底墅人 監賓　吳金發 杭橋人

吳象九上管人德著鄉鄰　吳王桂上管人

李學康西隅人介實有傳　吳廷舉西隅人

周大陵塗宅人　練國紀楊橋人

練國化楊橋人　姚詢東隅人忠厚傳家

李上璧黃壇人介實慷慨好施樂善不倦歲饑首倡排難鄉里德之

吳象豫上管人薰錦耆英五代同堂知縣以齒德兼優表之

吳居洲下管人醇厚足式　吳星海黃皮人

葉世亮賢良人持身謹厚　吳肅容陳村人端凝持己

姚伯耀五渁下人樂善好義　范義嵩大岩人德感鄉隣目見亡一世

季天倫西隅人
吳運六底墅人忠厚傳家
黄高曾荷地人謹慎可嘉
胡嘉熊左溪人
楊承誥八都人
楊奕光八都人品行端方
葉鈍北門人
葉儀北門人見孝友
吳海上管人
吳顯上管人
吳佛匡上管人
葉輔北門人
葉九成北門人介賓
吳道成上管人
葉球北門人
吳守達上管人
胡懷鵬左溪人
葉倚北門人

吳邦慶　高任人　　葉永豹　北門人
張世韓　二都黄沙人　　吳自廳　高任人
張維康　二都黄沙人　　胡文秀　左溪人
葉尙海　北門人　　練明嘉　楊橋人
葉尙時　北門人　　胡自品　左溪人
練繼恩　楊橋人　　葉永化　北門人
練繼偉　楊橋人　　練繼佐　楊橋人
沈思任　上沈人　　吳承玘　二都人
吳榮義　底墅人　　吳文海　底墅人

吳文溢 底墅人
吳文澳 底墅人
劉增憐 岩坑人
姚文守 後灘人
吳抱矜 大濟人 介賓
吳丕鼇 下管人
劉士蒙 蛤湖人
吳亮弟 濛下人
吳自賢 底墅人 介賓
姚元舉 後田人
吳廷殷 下管人 介賓
吳自鼎 底墅人
姚新伯 後田人
練明鐘 楊橋人
葉琨 洋頁人 例貢
吳巖 上管人 碩德耆英
葉佛俊 洋頁人 捐授縣丞
葉崇安 洋頁人 州同

葉邦達東隅人望重鄉評

葉宗元賢良人

吳南伯上管人

姚文經東隅人言寔行樸

葉光厚賢良人

吳光暉黃壇人誠寔率真

姚純煕東隅人性端行樸

吳懷煥城內人謹言慎行

姚廷恩花門人誠實無僞

吳其玉黃皮人介賓

楊何獻八都人介賓樂善好施惠周桑梓知縣鄧觀以惟善是寶獎之

吳玉鏡五都人碩德耆英

邵文元品行端方知縣譚以望重鄉評嘉之

吳繼賢竹口人淳直溫厚

蔡朝璠朱塢人淳謹堪式

吳先權上管人介賓一鄉矜式

吳先甲上管人孝行克端

吳可球後諸人鄉善士

李邁樑姚村人邑令以望重鄉評表之

楊恩程八都人溫厚和平

余天寶東隅人天性率真

楊恩伊八都人忠厚正直

蔡朝桂白渡關人介實品行端方

林世侯竹口人

蔡見龍朱塢人

許豪竹口人劉太守給以古道克敦

蔡仲龍朱塢人誠實延渾厚

何楊奶張地人

許汝明竹口人樂善不倦

練學廷後田人介實品行端方

葉旭祥上洲人洛社耆英

胡芝都竹坪人

葉廷輝五都人

張明頤黃沙人德壽齊輝

何國光張地人謹厚堪稱

張恪忠 二都人介賓品行端方　　周廷邵 城內人閭閻矜式

葉聖榮 岩下人德壽並隆　　葉廷彥 五都人

吳廷濟 磜坑人渾厚和平　　吳念祖 上管人守正敦倫年高德邵

吳精佐 上管人言謹行篤　　范邦卿 大岩人德孝兼隆

吳繼孔 竹口人　　吳天忠 上管人和睦鄉鄰

吳理治 上管人品行端方　　甘承慶 牛路村人善良堪嘉

吳權英 底墅人溫厚和平　　張明裕 黃沙人古道照人

吳運鯉 底墅人士林矜式　　周玉山 上庄人者德可矜

何遠珍 張地人謹厚自愛　　許汝掇 竹口人謹厚和平

葉增芳 蒙湖人介賓

胡道孟 左溪人賓筵雅望

葉其蓁 上漈人名重鄉里

張式勝 黃沙人目見五代

何金穀 張地人

吳長遠 山后坑人誠實可風

許廷星 山溪人

吳日辛 西川人

葉光元 洋艮人

沈孟樑 深鳥人品行端方樂主以可以徵仁表之

范連通 大岩人齒列虞庠

范邦卿 大岩人質直可風

蔡朝梧 下塢人

蔡朝松 下塢人

田穮 竹口人

胡運瑲 竹坪人望重賓筵

吳光輝 二都人忠厚可風

吳望烈 下管人

何國馨　　　　吳　祥黄坑人

胡　珍呂源湖人　　　　胡道容左溪人碩德耆英

老人附

嘉慶元年

覃恩奉部文准給頂帶附錄如左

吳邦勳字林孫有傳　　　　眞偉鑑西隅人

季天倫見耆介　　　　姚新國後田人

沈尙維九漈人　　　　沈鼎浩九漈人

沈鼎昆九漈人　　　　沈旺生知縣樂韶以耆德延年美之

楊永枝一都人　　　　朱林榮嶺根人

劉耀祖齋郎人耆賓性樸行端　葉維開齋郎人

葉允邦齋郎人　葉宗孫齋郎人

周長輝庫坑人　周奕銓黄土洋人

周永盛黄土洋人　吳孔亮黄水人

劉　楹合湖人耆賓　劉以寳合湖人

吳姬强楓樹坪人　葉芳彭栗洋人

吳慶東三堆人　吳遠華三堆人

吳積梁三堆人　周元斗久住洋人

吳育良包果人

吳憲官槎溪人

吳日章西川人

吳金旋竹口人

吳魏蔭上營人

道光二十三年補刻明經

張彥書　五都人道光十二年壬辰歲貢

田嘉績　竹口人道光十三年癸巳歲貢

沈　藩　竹口人道光十五年乙未歲貢

田　謙　竹口人道光十七年己酉拔貢

吳　叙　一都人道光十八年戊戌歲貢

吳大新　四都人道光二十年庚子歲貢

姚　冠　附貢城内上倉人

道光二十三年補刻耆介

姚樹德　城内人詳舉介賓四代同堂楊公尊以齒德兼隆表之

楊樹滋　八都人大賓樂善好施四代同堂現年八十精力康強

葉一芄　五都人大賓誠厚可風

吴坤平　大濟人大賓品行端方

葉作榆　二都人大賓品行克端

陳守楨　二都人大賓齒德兼隆

練祖鶴　二都人大賓德隆鄉譽

周錦城　城内人大賓淳謹可風

葉美發　七都人大賓齒德兼隆

吴耀朝　二都黄畈人鄉飲大賓

姚純熙號英敏城內人大賓工醫爲人淳厚古道咸爲欽敬四代同堂楊邑尊以鄉國長春褒之

吳德修上都落嶺人大賓謁邑尊以賢直可風表之

吳增遇底墅人年九十歲學師以九齡衍慶表之

周長高耆民品行端方

吳東蒸后田人庠生保舉介賓品行端方

吳望勲乾隆四十八年大賓一都大濟人德隆鄉舉

吳安泰三都陳村人大賓

田嘉賓竹口人生員大賓德重介僎

季溫下漈人淳謹可風

姚又哲東陽人持躬謹恪

慶元縣志卷之十　知慶元縣事吳綸彰重修

知慶元縣事朱　琛補刻

人物志

理學　忠節　名卿　清正　文學

仕績　孝友　篤行　尚義　善良

隱逸　僑寓　方技　閨操

名賢一鄉之典型四國之聞望係焉其間宏材碩彥經緯天地彪炳史冊者實爲氣運所關下此而一行之善一節之奇山僻中亦自有人雖功業未著於旂常芳聲早傳於閭里事有足法名宜紀載覽者幸勿

謂古今人竟殊不相及也志人物

理學

按宋史創道學傳前此未有也邑中宗洙泗紹洛閩者得二人特先表之欲其别於各傳云爾

宋

吳肅少穎慧博涉經史嘗鄙章句學以道統爲任登熙寧丙辰進士賜名伯舉初任江州右司理累遷中書舍人知制誥龍圖閣侍制學士贈少師著作甚富有明性集發微正論爲士林宗鏡

王應麟字伯厚父撝嘉定癸未進士徽州知府弟應鳳中宏詞科以兄爲師有經濟才公秉性剛正有古大臣風登嘉定戊辰進士開慶間充讀卷官至第七卷頓首曰是卷古誼若龜鑑忠肝如鐵石臣敢以得人賀遂擢第一乃文天祥也尋轉給事中忤旨遂挂冠歸設帳講學執經雲集著玉海集四書論語攷異困學紀聞小學紺珠深寧集王尙書遺稿及三字經性理考等書行世後學得其指歸祀鄉賢

忠節

精忠亮節世難多見茲無論在朝在野苟其佐治扶危英靈不朽百代瞻仰者悉爲傳之俾頑廉懦立有所興起焉

宋

吳競字寅仲弱冠登政和壬辰進士宰會昌建炎丁未潰兵楊勍自浙東入境殺二尉民遭殺掠官兵莫制競挺身直抵賊營諭以忠義賊以刃揕之競厲聲曰吾頸可斷吾身不屈賊感悟即以所掠子女遺競給還民間隨聽招撫宣諭使劉大中奏競忠勇擢處州

府判民感其德祀鄉賢

吳樞字時發幼穎奇無嬰兒態長登政和壬辰進士亮直忠勇以節槩自許靖康初募有能使金者樞毅然請往至金惟長揖不拜正色厲辭金人燒鼎欲烹之樞愈不屈金人壯之遣還遂造巨寇葉儂作亂樞往招撫儂聞樞名解甲納降至今頌不替祀鄉賢（裔孫榮宗奉祀）

元

葉國英至正間爲義兵萬戶與子德善相繼克復温州收青田山寇夏清四以功授處州千戶

姚彦安元末爲義兵千户處州守鎮賀元帥占據城池彦安領鄉兵同大兵攻破之陞處州守禦萬户洪武元年起集山寨頭目授平陽左衛副千户五年從征没于陣廕其子桂授千户

明

吳南明字君治崇正間任湖廣黄岡丞時流賊數十萬所過郡縣缺令入勸之去明曰吾職雖卑忠義則一遂率兵民固守月餘粮盡城陷被執不屈賊怒割其鼻并兩耳愈不屈截其左手血開死地賊退半日復

甦歸家二一年卒入崇義祠孫國銑奉祀

國朝

吳詔功康熙十三年耿逆作亂兵陷慶元從吳陳仁起義兵殉難死後優恤其家蔭子顯宗授千總裔孫豫乾隆六十年奉

詔蔭襲

吳壽男康熙十四年耿逆背叛兵陷城從吳陳仁起義兵死于難優恤其家子嬰提蔭授千總乾隆六十年裔孫吳何廩蔭襲嘉慶八年嗣孫吳履祥奉

詔廕襲二十五年以子吳廷標接襲現任嚴州千戶

名鄉

名者實之賓卿而曰名其發越有盛焉者矣後之留心致澤者尙其行義達道毋讓美乎前賢

宋

陳嘉猷字獻可生三日即能言家鈇炊猷指敘處假之父以告叔叔以爲誕往視果語叔曰叔假我米異日以俸倍償衆大奇之爲兒戲時置機几上坐之見叔至跳而下叔曰三跳跳落地猷應聲曰一飛飛上天

其穎悟多類是數歲已誦千言登紹興新章科累官
至禮部尚書公忠耿介有經濟大畧朝紳重之蔚孫燦翰奉祀
胡鉞少警悟篤學家貧無書錢有販者求售讀遍經下依
之郎不忘由教官科宰邑有聲擢監察御史累遷予
吏部侍郎出爲廣東經畧使所至有能聲
吳淇嘉定甲戌進士累官戶部侍郎時相欲以淇兼監
察御史淇謂臺諫出宰相薦非盛朝事卽謁告出知
南劒州

明

吳瑄端直果毅器度閎遠擢山東監察御史勵清操肅
風紀聲著臺端

國朝

姚粱字佃芝後田人少聰穎過目成誦未弱冠即遊庠
由巳卯優貢中順天乙酉經魁登己丑進士擢內閣
中書禮部主事刑部員外郎廣西陝西主考山東學
政饒州知府川東兵備道江西廣西按察司河間府
知府清廉耿介毫不苟取任饒州時民立生祠祀之
所至俱有政績子崇恩現任甘肅縣丞

清正

人性皆同而沉潛高明尚待於克濟之柔濯擢之益堅者世有幾人哉明乎分定之說而後士之不染一塵不淆一見者乃异而區別焉噫亦難矣

吳界熙寧癸丑進士教授夾州學士翁彥深鄒其名謂之曰以先生學問操行今稱上流縱不大用宜冠泰學之選以範多士奚為遠處湘湖哉昇笑曰吾道其事干求耶他日出一書示彥深曰吾欲以此書干泰

相范公也深怪其前後語不相符及私啟其書則以
大義責范公不能用正才以興起太平徒取法度紛
更之語其清操如此
吳懿德字夏卿嘉泰二年進士英州教授知玉山縣改
知新會縣時邑民狃於訟瀕海多盜縣不能制懿德
至實心撫字民感盜靖邑例新令至有給由錢受詐
謀者有醋息錢一切罷去仕族之流寓與惸獨顛連
者春貸以錢粟夏多瘴癘和藥以施之廉介有聲遷
廣州通判未任而卒卒前二日書於册曰平生薄宦

身受凍餓一念不欺一介不取嘗祀晉刺史吳隱之於縣東邑人以其廉介等塊遂合享焉詳見新會縣志

明

吳仲信幼穎異淹貫經史永樂辛卯科鄉薦授泉州府判治聲大著及歸行李蕭然有鬱林載石之風

吳杰少勵清操亮直有風由歲薦授刑部主事以年老告休居鄉端厚耆望後學宗之

吳潭字源潔簡重雅博宏治乙卯領北京鄉薦授常德節推通判吉安府咸有治績少在諸生中遇遷學出

廩助之時有鄉人齎金輸稅過詠歸橋遺金於水其人欲赴河死潭力阻之攜之同歸揭債以賠失金者得不死論者謂其今人古心嘗有心病形甚癯忽途遇一叟授以二丸旋失所在始知爲神潭服之愈仕常德時同中貴監造藩王府餘金千數欲其隱潭不從隨白於部其清介如此

吳俸字介卿性厚行端好讀書有大畧陞廣東瓊州府撫黎通判黎崗叛服不常俸爲之興學校教婚喪禮及壓帀館航法黎感悅歸版者三百餘崗瓊産甚富

尙苞苴俸旦暮覩天不敢一錢自欺民歌曰人道我公清似水我道公清水不如時洮兵𤼵當道束手俸曰此國慮也毅然請往平之解組後民饑甚餽贐辭寄國慮無雙詩歌於其家詳見黎鼓經始傳

文學

文章者道德之餘今自仕宦七品以上有以著作重者亦同編列傳其窮而在下文可華國學可章身並載其書名卷帙工制義者亦間附焉

宋

吳穀天聖甲子進士性格簡重操守清正仕至大理寺評事以文章名世時人稱其補天有手挼月多才

吳轂景祐甲戌進士授濠州知府其才名與兄穀齊稱詩文行世雖殘編剩幅一字一金時人以二難稱之

劉知新字元鼎少穎敏淹貫經史遊太學有聲大觀初廷試第一知綿州政尚慈祥所著詩文多士奉爲軌範蔡翊曰讀元鼎文如拾璧藍田觸手盡難捐之寶爲時所重如此

吳彦申字聖時幼篤學日誦千言父祖爲長與宰卒於

官中廬墓三年登政和壬辰進士人稱其學綜百氏

文威一寔詳見其甥李綱所撰墓誌文

吳巳之姓敏慧倜儻宏博凡詩文詞賦咄嗟而辦登寶

慶[illegible]戊[illegible]進士[illegible]偕登[illegible]山[illegible]

[illegible]吟哦日[illegible]文

[illegible]讀書[illegible]國語登寶祐丙辰文天

祥榜進士授松溪縣尉雖居下職文章價[illegible]閣

明

姚琪敏睿卓越名流[illegible]人文零落[illegible]儒

業遂以文章薦人登永樂乙酉科文風爲之丕振

鮑華少穎悟及長朗達有儁才永樂甲午鄉薦乙未第進士授禮部儀制司主事所著詩文標韻清奇

趙樞登永樂庚子科授四川雅州學正工於詩詞人所稱宗漢魏

吳仲賢居深山矯矯拔俗博覽墳典善屬文詞尤通詩經

暢庚子科與趙樞同榜方名並擅當時

葉祥永樂甲午科鄉薦學問淵博文詞典贍隱居教學石龍山下多士多出其門

吳譽頴識通達體器宏爾父源領癸卯鄉薦譽讀父書力銳思沉遂以儒雅名登成化辛卯科才華爛若披錦士林共法

吳巡字景明八歲牧牛過里人陳龍峯先生講學處竊聽心喜遂向求學陳難之適有負木者至陳試以對云擧大木述應聲曰折高枝陳奇之遂授以學才思俊拔善校錬文義由歲薦授無錫丞陞盧州衛經歷參政聲狀元孫經臯贈以詩有佐政能齊卓摘文欲並蘇之句所著有東軒集四卷存存集六卷

吳行可，字藎卿。品正行篤，博涉典墳，旁通秘旨。下筆超成妙義，不比尋章摘句，時稱博學君子。歲選福建建陽教諭，尋赴任，越日而卒。所著有《經史滙參》，待刊行世。督學鄭以熙朝顯俊表之。

姚文焆，字鳳竹。童牙稱奇，稍長高視逖聽，居百丈山攜摩舉子業，三歷寒暑。每臨文，如萬斛珠泉滔滔不竭。萬歷壬午領北直鄉薦，繇宦歷慶府同知。所著《北遊草》《文章正軌》二集。

國朝

季虹嘗其人孜讀書至老不倦邑令程公聘修前志所著有四書本義周易傳義傳唐詩類選古文類選四六類林古文摘金等書太史張右虹爲之序因貧不能梓行督學使劉公以行潔文正表之

吳運光字驛吉博學多才善古風行文滔滔汨汨有韓潮蘇海之觀康熙丁未設帳於日涉書院當湖陸子清獻客遊濟川叙論相得遂撤皋比而受學焉壬子秋以額溢中副車邑令程公聘修縣志匝月告成乙卯授建陽教諭轉政和縣丞子鏐鎬俱丁卯拔貢

李玗號璞莽讀書過目成誦教授生徒先論品質次取文藝嘗自謂貧士無德可見能竭情造就即見德處也以歲選授蘭溪訓導學課商評日久不輟解任後蘭庠士子感其訓誨之勤猶致書思慕云

余勳字晨佐初結文社於石龍山寺邑侯李袠纖親自督課屢拔前茅侯去後讀書於萬松巷吟風弄月積成卷帙惜未梓行

吳爔初捐國學後恥不受折節讀書銳意進取既而食餼登歲選康熙丁酉入粤闈因例額限同考官李飛

餽遺爲愧惜

姚大彰字惟能品誼端方器宇高爽好讀書善屬文屢試不第二子七孫並擅才名由歲選任壽昌訓導簪纓之盛爲邑稱首後以孫粱貴贈奉政大夫按察使司按察使

周之冕字雅先姿性穎慧廣記博聞鄒公初建書院首延掌教蔣公黃公繼之俱加禮焉行文如輕車就熟嘗謂人曰吾文無他奇聊收藥籠一用耳出其門者皆知名士所著有省愚集藏於家卒後得學于公召

其子廩生世俊出所書經術遺芬四字贈之

吳得訓字濟三號賓亭博極群書意氣豪邁以拔貢考授同知與青田韓錫祚相友善凡所歷山川風物皆有撰述居家搆別業于鏡水園延師訓子弟二人咸取則焉

季鍾儒號習齋玗之次子也性沉靜不妄言笑尊志經史及百家聲韻之學督學王公蘭生評其文曰細心密理浩氣行文故非常透闢直令千人坐廢以歲選授寧海縣訓導誠敬感人多方訓士卒於任所門諸

賻之歸

吳機字上鏞西隅人新寧知州吳鳳翔曾孫也博聞廣見穎悟絶倫弱冠籲於庠督學彭公啟豐稱其書卷之氣堪入大家堂奥惜乎享壽不永

姚長淳字敦麗號櫪園邑廩生雄才高致磊落嶔奇所著詩文受知於督學錢公退授生徒名震一時當貢之年賫志以没人咸惜之

姚蒸字國珍好學嗜古所製詩文積成卷軸而謙厚和平尤無自滿之色士林以此多焉

吳元棟字廈峰性沉靜寡言笑不事繁華博涉經史究心制藝試必冠軍邑令聘延修志秉取裁精當宿學老成共推一邑之望子啟甲啟丁俱遊庠餘詳後傳

季炳九都貴壇人嘉慶己未由廩貢選授衢州西安訓導訓課精勤士心悅服其所造就多一時知名士蒞任十餘年教澤深長治行超卓且詩禮垂訓堪為士林模楷子應功應塏俱歲貢生

余鈞號古峯郡貢生候選訓導素行端方通經史辛酉協修邑志校正甚多教授生徒亦多拔萃之選

周原，字緯九，邑貢生。性厚行端，專志經史，學問淵博。教授生徒，多闡發經義。邑令譚以詩文相質，嘗友事之。

余塏，字爽庭，后田人，貢生余鎔之子。少穎異，篤志力學，克自振拔。未冠遊庠，食餼，試輒優等。棘闈屢薦不售。壬戌歲貢，壬辰春選授會稽訓導，惜未及赴任先卒。

吳登瀛，號仙洲，邑貢生。秉性毅直，博通典雅，日事詩文，至老尤勤。且居家孝友，遇地方義舉，孳孳不倦。所著有《羣書精華》《經餘滙參》等書，惜未梓行問世。子侗，遊庠食餼；佶，亦有聲黌序。

吳球字碧峰上管人邑廪生禔躬敦飭好學沉潛屢試優等遠近從學者甚衆未及貢先卒士林惜之

季照號玉山秉性簡重博極羣書造就生徒循循善誘如坐春風中甲申歲貢不及選教先卒子垣早歲食餼文行亦能克肖

匡嘉瀚竹口人邑廪生性嗜學工書法講求經籍留心制藝在省城敷文紫陽兩書院肄業課輒優等秋闈屢薦惜賫志以没今子煌和亦同時入庠

吳爲霖字甘泉邑廪生底墅人性洒落工書法邑中差

舉每樂贊勸諭導命以文行真優嘉之惜正當歲選
先期而卒于熙寓工文善書
王成績字紀常東鄉人邑廩生器宇英特甫成童試輒
冠軍遊庠後行止恂恂益留心經史每多闡發精義
沈學師評閱書院課卷決爲遠到之材惜攻苦遘疾
不克赴闈而卒傳見藝文志

仕績

凡有善必書況登仕籍著循猷顧可沒而不彰
乎甘棠去後之思尚留歌咏桑梓仕績尤宜詳

載

宋

吳桓熙寧庚戌進士宰長興清慎勤恪政以慈和爲先民歌曰召父杜母知何在今日復見長興宰壽卒於官民皆巷哭楊龜山先生有傳

吳椅嘉熙戊戌進士授龍州知州治尚寬簡民有抑不伸者雖三尺童子皆得訴白久之訟息

明

胡俸少負大志從父遨遊入廣西儀衛司籍登嘉靖巳

丑進士授行人應對莊雅朝野著望

吳守風穎標徹淵通有識由恩貢授同安縣丞陞將樂

知縣居官英敏宏達境內大治

周翰自舞象時即名噪鄉邑及長英拔名流以明經授

河南鈞州同知敬慎廉明凡有疑獄不決者片言可

折吏民咸頌其神

吳慶會字泰遇少穎異十六廩於庠十九應萬曆丁酉

選貢英資濬發筆力遒勁入北雍爲名流所推三試

北闈不第謁選授廣西平南令再補湖廣漢陽英明

果斷有政聲以亢體左遷藩理歸所著有四書義及岩居詩稿藏於家

季時芳少遊于常山進士詹承祉先生之門天啓七年恩選任太康主簿與邑令許無奇詩文相得凡興利除害勸儆運粮諸巨務悉公籌畫無不曲當咸宜士民爲立德碑撫院樊廉其才可大用題陞岳州衛經歷以母老乞歸致仕

棄春字子仁稟性孝友多幹濟才幼從叔學叔故遺孤撫育娶配雖堂弟無異嫡親及初丞新興有山民積

道以情感之卽刻輸納無欠繼令吳川有海寇肆掠以理諭之卽時解散地方以寧陞高州府判以母老陳情懇乞終養致仕

吳希點字樂真練達勤敏由歲貢餘杭教諭陞福建連城知縣政簡刑清再任廣東惠來知縣凡有疑獄判斷如神吏民咸服後卒任所合邑賻之歸里

國朝

[illegible]鳳翔字鳴陽謹訥寬和與物無競由恩貢授廣西新寧知州俗稱難治翔下車不事刑威崇尚德化翕然

大紿以親極未盾力乞終養

吳逢昌字起明由恩貢授廣東歸善知縣常儉外不漁民一錢頌聲載道歸家日橐垂如洗饔飧無資黨族莫不憫其苦而高其節

吳王晉字天玉風度雋朗敏給多才由歲薦任樂清司坐氊雖冷文魄愈强課士之餘流覽雁宕龍湫諸勝其超奇曠逸之致悉達於詩告休日多士揮涕以送家有園日日涉旨集故舊作文酒遊郡守張公懷德慕其名特以大賓席召之嘗謝陸清獻隴其題其像

日神清若鏡目慧多采濯秀靈峯問奇學海筆掃千
軍玉積萬倍財策金門敷教瀾滙雁若龍湫時供遊
斾錦囊詩筒脊城壘韻高一時流芳千載欲贍典
型於斯乎在爲名儒所稱羨如此

姚大齡字延之任南直常州府靖江縣丞廉明正直愛
民如子致仕歸士民爭道餞之如失慈母焉

姚家棟字奇南初任江西廣信府貴溪縣丞委署縣事
復任廣東南雄府保昌縣丞歷有政績致仕歸凡祖
宗墳塋均獨力結砌豎立墳碑至今永垂不朽宗族

以此多領其功焉

葉上選號蒼峯初讀書於六如禪堂得高賢指授刻若厲志博通經籍所製詩歌深得三百遺意由與人任會稽教諭加意作人一以藝湖爲範登其門者有光風露月之趣著有閩遊詩草傳于世後卒任所官橐蕭然合庠醵金以歸

吳陳仁康熙十四年耿逆兵陷城倡起義兵力圖恢復後以復城功授福建延平副將

吳握瑜郎吳陳仁之弟康熙十四年耿逆兵陷城仁從

瑜訐偕起義兵力謀恢復後以復城功授汀州守備

孝友

周禮六行孝友爲先天地之經民之則也登仕籍爲顯官其孝友間有互見至如蔀屋窮簷有天性惇篤專以孝友著者列之斯篇以昭民行

明

楊泮字肇卿九都人幼喪父甫冠入庠事母竭力母病焚香覸天請以身代仍刲股療之母沒哀慟數日不食厝二親墳土皆躬負廬墓三年母素畏雷每遇風

兩往墳哀哭祀忠孝

藥儼字若思西隅人事親至孝父疾藥必躬進親沒家遭火衆競取財物儼獨跪柩側哀號遇人泣曰財物任取幸爲我救存二柩衆憫之齊救獲存其子文彬文溥皆明經祀忠孝裔孫邦材奉祀

吳相字汝弼西隅人節母邱氏遺腹生相甫長克盡子道母故相年七十躬詣司府陳其事詳表其閭祀忠孝

季叔明字正吾好學多才由明經任無錫縣丞以母吳

氏年老告歸毋年九十七寢膳不離褻牏自浣毋卒
明年七十三哀傷絶食幾毁性當道旌其閭曰純孝
孺慕子時芳時英皆恩選後昆蔚起是皆其純孝所
感祀忠孝
吳儒字珍卿序班鴻臚寺聞父訃哀慟欲絶淚竭失明
以鬱疾卒於官太倉王錫爵聞而哀之作孝子銘以
表其墓
姚琰上倉人通判公琪之兄也琰事親孝奉侍惟勤翁
官河南十餘年父命之翁所抵旅舍思親念切仍返

故里閭月親病瑛奉湯藥晝夜不懈及病劇衣不解帶者經年居喪哀毁既葬奔墓號哭遠邇稱其孝焉

國朝

季煒字寢昭孝子叔明之孫也由郡庠例貢任南寧府照磨事繼母先意承志一飲一食不敢先嘗遇疾衣不解帶五十餘年孝敬如一郡守周茂源孫大儒嘉其孝友四舉賓筵至今百餘年間父老傳頌猶嘖嘖不置云

孫文華竹溪人親嘗病癰華自舐毒延醫調治藥必先

嘗夜不解帶禱天刲股以愈親病而且心存濟物凡

有急難求無不周終年九十

吳之英國學生事母周氏年登九旬英竭力奉養孺慕

不改母病請以身代及卒身不履閾外食必倚柩側

三年持素其行如此學師白諸院憲以孝友可風

旌其門

吳來聘字伊園邑庠生秉性剛直不倚聲勢母病死哀慟

守柩侍食三年足不履閾孺慕號泣行路感傷蓋其

孝思純篤至性使然壽至耄耋終後人亦多入庠

篤行

士能篤志勵行矯矯自好始終不改其節亟表之以振世善俗其庶幾乎

明

吴文狷介有守授上海丞以節愛稱致政歸里有不給者輒周之壽七十終

吴節純謹雅重鄉閭共範授新建丞月餘告致逍遥林泉人咸服其清高

吴贊字良弼朴簡端嚴孝友丕著宰連城清介自矢歷

官三載一錢不取謝政歸結廬龍山下二十年無私謁識者多之

國朝

吳伯齡字子仁性敏好學動必以禮正德間年六十齡拾得金髻詰朝訪還其人通判汀州有政聲及歸行已端潔爲一邑表望

吳禋純恪寡言和而有介佐宿州二年卽謝政養親以孝聞宗族有貧者周之家居三紀不干有司爲鄉評所重

余滋字敷源歲貢生品詣端方事繼母以孝聞平居無疾言遽色宏獎風流技若已有人有不及者以情恕之矜愼自持始終一節邑令鄧觀垂其人卒之日爲文悼之且親奠焉其子鎭淵源家學乾隆間脩理文廟以見義忘勞稱次子鎔學問淵邃耿介不阿亦膺歲薦

姚居厚字粹然歲貢生氣節傲兀不樂趨附終日危坐無惰容喜讀周易至老不倦邑令羅岳珪兩以優行舉薦壬午秋奉部文截取將選而卒

李學康郡庠生居家孝友不妄言笑好善樂施邑建修門橋脩整　文廟皆首出重資事兼總理分毫確當邑令羅聘賓筵年七十撿各佃欠券燬之人稱長者

王廷聘字尹再邑增生學通經史詞尚體要性格端嚴勤於事親厚於鄰族實爲儒林領袖康熙四十九年邑令李容之以文優行篤表之

姚太岳郡廩生秉性端直有古儒風教授生徒至老不倦一時名諸生多出其門下子必遜中年饑於貲能以色養岳殁後捐己田四十把入報德堂備中二元薦

親之壽孫洙涵並貢生

田登邑庠生爲人循謹不事紛華鄰里貧乏者無不周

恤且尊師重道義方訓子子聯灣明經紹志

姚文輝邑庠生謹愼持已不事干謁友愛弟姪人無閒

言且佐修　文廟城隍廟兩涖寒暑勤力恪勞教諭

丁葵以定力長才奬之

葉世美二都人性純樸兄弟友愛出繼伯嗣所承嗣產

不敢私諸已鄉人義之年二十九歲妻殁誓不再娶

嘉慶二十年子光岳白其事於院憲以持義可風表之

吳尒成字景韶城內人郡庠生醇厚溫恭孝友慈愛家無間言且焚券恤佃辭産立嗣其行誼卓然可表傳見藝文

王國楨字文學東隅人邑增生性端凝豪邁毅直不爲威惕利疚凡里中利弊抗言不避葢害之除與有力焉閭里咸高其義子秉坤元衡暨二孫謨勳俱遊庠

姚鵬邑庠生東隅人孝友慈愛篤實率真教諭程以孝友可風獎之疾將危囑其子孫曰予提白金千兩里有義舉汝曹見卽勇爲子庠生樹嵩增生樹時捐社

義穀壹百石孫貢生修又遵囑倡建宗祠纂修族譜助貲修造文廟城隍廟文昌宫育嬰堂暨橋亭道路可謂象賢纖武邑令黄給以克紹箕裘匾額

徐涵字國柱邑貢生后田人小心謹慎慷慨周急長兄二殊物故侄芝旋亡撫孤承恩延師訓讀代理家務綜毫不苟且修理　文廟不惜餘囊首先倡捐兼董其事知縣鳴暨朱王兩學師贈以秉公倡善匾額

吳宗雝字顯元城內人郡庠生持己矜嚴接物平恕和睦鄉里善辦人紛且喜倡修亭路足跡不入公庭註二

專庭訓子孫並入膠庠邑令李以推惠鼈隣獎之
姚炳邑庠生東隅人性倜儻識大義親殁篤愛弟妹無
間伊翁繼謝世撫孤成立讓産與之其天性純篤無
愧古人儒行今四子俱遊庠三樹檀食餼
吳飛鸞字從峰邑增生性直量洪不樂仕進遇隣族有
力乏者以時周恤乾隆壬辰與修 文廟量力捐資
董理不懈北門橋傾人多病涉力爲倡修以濟行旅
年臻古稀讀書不倦教子成立詳見後文
姚駒增廣生東隅人持身謹嚴秉性和易佐修 文廟

邑令鳴予以功翊膠庠匾額繼營城隍文昌諸廟及
捐造育嬰堂董理其事奉文置社義倉捐入穀伍拾
石可謂急公好義長子鈞培乙酉拔貢國子監肄業
次樹均增廣生
吳一桂邑貢生弟一玉邑增生俱飛雲子養親以色處
兄弟以和佐修文廟不辭勞瘁郏縣鳴暨朱王兩
學師贈一桂以贊善成美贈一玉以力捍宮墻匾額
旌獎以誌競爽
沈旺璣上沈人寄居浦邑善居家兄弟共爨家繁七十

餘口耕讀各安其業且置家塾延名師課子成立今其子藩食餼孫之涵之瀾相繼入庠壽踰八旬儒學洸鏡源以佑啟我後匾其祠

張德配字宜祿邵增生孝親睦族言行不苟佐修　文廟城隍廟及倡建閣門嶺橋等工學師丁以有恒不苟贈之

葉之茂字松濤邑貢生東隅人渾厚和平言笑不苟佐修　文廟文昌宮及董理育嬰堂矢慎矢勤與翁之芑先後食餼一時競爽今子榮菼克守庭訓亦有聲

庠序

姚瀛字郎登後田人性豪邁少遵父訓試郎遊庠凡宗族鄉隣有事無不善爲調解佐修　文廟督工善爲經理至今人猶稱其爽直

吳應凝邑庠生上管人事親克孝每逢雨雪暴作奔墓號泣人稱純孝且誼切枌榆平時建橋修路荒年平糶接濟毫無德色遠近嘉之壽踰八十終

吳應壽上管人清潔自愛厚親族睦鄉黨凡里中修道路建橋梁無不首倡樂成人咸稱其樂善不倦

尙義

博施濟衆聖猶難之而一鄉一邑幾禱時育不能無藉於補苴或輸粟或捐資隨其大小皆將義舉策其名標其行當亦有聞風而繼起者乎

明

藥仲儀西隅人正統庚申大饑儀詣闕輸粟一千五百石助賑表旌義民戊辰又饑儀仍輸粟五百石表賜冠帶授七品散官賜宴大官殿後建學偕弟仲玉姪汝寬助金三百兩祀忠義裔孫芝茹奉祀

吳彥恭六都芸洲人正統庚申同葉仲儀各輸粟一千
五百石表旌義民祀忠義
周公泰周墩人成化戊戌大祲納粟一千石賑饑有司
詳其事表旌其門祀忠義
吳克禮西隅人朴素自持正德時上粟例授冠帶捐金
二百兩磚砌縣道縣令陳澤旌其門曰尙義祀忠義
葉荷東隅人秉性渾厚尙義好施九都竹口街衢崩毁
獨捐貲磚砌往來頌之祀忠義
吳叔寅慷慨樂施市失火拾得釵環次日訪還失主萬

歷二年饑田租悉蠲不取祀忠義

吳沛公直好義時鹽商騰價害民沛毅然愬於省憲二歷寒暑勞苦弗恤多捐巳橐及蒙院司批准包引納課鹽害始除祀忠義

吳道撰字汝濟下管人天性孝友尚義輕財嘉靖二十五年造城奉文變賣慈照慈祀伏虎三寺田充費撰納價四百餘兩田歸三寺萬歷元年捨田三十六畝入學道府旌其義一切賑饑濟貧建橋修路口碑載道子儒俸伸皆居官有聞祀忠義（三寺僧眾感恩每歲三元修齋薦之）

王繼滔字東源秉性慷慨通曉大義萬歷三十六年捐入上滌田大租肆拾石以爲修葺學宫之費其子錫俸官仙居訓導誠敬感人訓士有方一時士林宗仰亦積善餘慶之應

國朝

余槐字德三少好讀書工文藝屢受知於督學諸公爲明經領袖鄉令募建書院郎出白金五十兩爲諸生倡兼董其事遇歲饑煮粥賑濟活者甚衆予漳天性孝友疏財仗義與兄湛同爲知名士父殁後兄□□卒

撫二弟成立俱登庠乾隆甲辰奉文截取未任卒
吳宗賢字繼孟邑增生厚重簡默慷慨慕義獨修西門
外路二十餘丈佐修　文廟首先捐資縣令唐若瀛
贈以品重璠璵乾隆四十七年城市絕糴往玉屏買米
平糶縣令王恒贈以倡義惠人各有匾額子銑有慶
俱遊庠
吳昌輿國學生后田人見義勇爲修宗祠造春亭凡橋
亭道路或獨力建造或捐入糧田計需資叁千餘兩
知縣具詳各　憲已奉

旌表建坊道光二年建育嬰堂又捐田拾畝紋銀壹百兩知縣樂詳請　督憲飭給予情殷懷幼匾額今其子體人多行善舉亦能克承父志

姚鸞字和聲邑增廣生時年九十歲城東上倉人尚義踈財嘉慶乙丑建節孝祠費金捌百捌拾兩邑侯劉種桃教諭吳江有記丁卯修濟川門外路費金貳百貳拾兩己巳邑侯吳沆卒於官署蕭槖無餘賻貲叁百兩運柩回籍壬申建番塽積善亭并築亭前通濟橋並砌該道路共費金貳百肆拾兩道光甲申郡城

建試院獨輸洋銀叁百員乙酉捐置社義倉穀倡輸
肆百碩丙戌修郡學獨輸洋銀玖拾員是年又命三
孫園砌甃磨子嶺上建世美亭造大士閣捨茶田捌
拾把通貲金壹千捌百餘兩縣令黃煥有記至溯宗
祠修族譜建嬰堂造渡船衆費柒百叁拾金舉凡掩
骼骨修寺廟無不樂施丁亥紳耆舉報有司詳其事
咨憲核看具題吏部議奏奉
旨依議欽予州判職銜知縣吳綸彰贈以
熙朝嘉善匾額庚寅復出貲叁拾兩助育嬰堂經費辛卯

江南水荒奉文捐辦賑饑借輸洋銀拾員本歲郡城
修造廣浮橋又獨輸錢肆拾千文府憲劉榮玠以樂
善不倦嘉之附載藩憲覺羅慶善看語
品端行潔志淳心慈本立道生不吝輯譜建祠之費
安人修己何惜築橋濟渡之資獨輸豐亭之丁以昭
景仰慨送回槐之助用報花封憐峻嶺之崎嶇平除
恐後闡幽光之潛德建祠爲先廟貌聿新蘋蘩不解
康衢平坦金所必捐藝林傳仗義之名嬰院感推仁
之德千箱米穀歸諸公社之倉五畝耕田盡作烹茶

之舉八十五齡之樂善耄耋彌勤四千七百之好施輸將有益

槃邦馨國學生東隅人賦性淳良持躬克儉里有艱於婚娶者求之無不樂助邑若修道建亭捨地建社義倉暨獨造打鼓嶺觀音堂美不勝舉尤可嘉者每遇歲歉首倡減價平糶邑令黃以尚義可風獎之

吳義枚二都人秉性温厚子先登邑學生樂善好義嬰堂社穀量力捐輸邑令樂以仁徵慈愛蕢以見義必爲登于匾額嘉獎

周增松一都人樂善好義獨修濛滸嶺二十餘丈其孫永福國學生復建濛滸亭並捨土名灘壪田租四十把永爲此亭茶火之需邑令樂以惻隱爲心責以好義務後叠予獎勵

善民

醇謹渾厚本於天性其人皆可以鎮頽風而砭末俗今擇其事之可傳者概列於此以寓激勸微意

明

吳溥少業儒以古道自期有族侄逋糧受刑溥以白金一百五十兩弍之侄廢業以償溥不受年七十親友有爲壽者溥曰吾少不顯揚老無樹德安敢言壽醇朴謙厚其性然也捨田四十畝入勝因寺寺僧如怡共薦焉

吳塤以孝友聞不爲私疚堂叔怡乏嗣諸猶子爭立惟塤應承嬸姚氏亦欲子之塤曰古人遜國豈異人事堅避不嗣姚氏分金三百併不受

季廷瑞字子祥西隅人資性明敏涉獵經史事母敬養備至孝友感人里族皆爲之化

國朝

吳世哲字兆明介賓少失怙事母以孝性厭羶逐未嘗因利一字取憎戚房和宗睦族有古儒風耿賊陷城掠取財寶合邑驚惶逃竄哲自據案讀書絃誦之聲達於戶外賊聞之相戒勿入族賴以安賊平後邑令梁允桓首舉賓筵詩諭獎之

余世球好善樂施周恤鄰里會獨力重修詠歸橋至各道路凡有建修不惜重資康熙二十六年邑令梁聘請賓筵子勳明經紹志

棠作遂北門入賊[illegible]三年北門火

災遂亦被燬房屋有[illegible]白金接

戶分散後遷居東門閭里[illegible]尊崇稱長者邑令

鄒儒訪聞贈以忠厚傳家匾額

吳邦勳郡庠生好義輕財橋亭道路多所倡修乾隆四

十九年歲饑鄉民乏食勳貸百餘金往龍浦買穀以

濟人佩其德嘉慶元年

單恩賜八品頂帶

劉春華家貧好善至老不倦倡修梟橋及角門橋至今

來往人咸感之

吳兆桂篤性友愛多樂義舉倡修梧桐嶺並建甘霖堂

復捐租五十把爲茶火需往來稱羨邑令熊贈以光

前裕後匾額子星海亦以孝義蒙舉賓筵

季上機黄壇人庠生好施予嘗捐田入神農社並竹溪

文昌閣寨後嶺頭亭等處乾隆乙酉夏里族被火機

戶給粟一斛所濟甚衆明年松溪李源村火濟給災

戶亦如之

田聯詔竹口人監生爲人樂善好施嘗施棺板有死無

所歸者受其惠乾隆十七年邑令鄧觀以情深濟物表之

葉德賜撞潮人賦性誠實志存周卹遇年饑儉以自奉煮粥濟人鄉里德之

吳元瀚邑耆民淳謹溫厚足不履公庭身不隨凡俗時嗣母早故生母猶存視膳不誘伯仲且樂善好施惠周行旅四代同堂壽踰八袠邑令李贈以齒德偕尊

季學勤號懋亭邑庠生資性穎敏植品端方辛酉協修邑志校正多出其手壯歲喪偶義不再娶士林嘉之

葉邦達東隅人敦厚篤實耿介自矢處家庭務多潤寡交親鄰損己利人訓子成立長子之茂貢生次之苞亦食餼學師葛以耆英著盛嘉之

周瀚才邑貢生四都人樸素簡默持己端方且詩禮垂訓四子俱入庠序章胡兩學師以耆經世德贈之

姚匡宇國俊國學生后田人惇謹渾厚樂善好義嘉慶五年獨建毒鵲坳嶺亭一座便人休息又念茶火無資亭側復造房屋一棟為管亭人安宿並置田租六十把為茶火需行旅往來人多利賴

練學廷國學生后田人居家孝友慷慨公平處己待人
謙恭可挹邑令黃薦舉介賓贈以齒德兼隆匾額
蔡朝璠字仲官十一都朱塢人居心正直處世敬和治
家嚴肅無苟然諾不妄言笑嘉慶乙亥邑令譚暨鄭
王兩學師薦舉賓筵子遐齡孫言入國學聲亦列庠
楊茂贊西溪人壯歲喪偶囊有長物義不再娶壽臻耄
耋目見四代且獨建村橋往來人無病涉鄉里德之
邵文元姚村人行端性樸樂善不倦里中橋路無不傾
囊修葺且義方有訓子安仁入國學友仁體仁俱入

庠序邑令樂以品重南金黃以望重鄉評疊予嘉獎

吳先經字及文上管人邑貢生篤嗜詩書樂善好義道光辛巳邑令樂首舉賓筵贈以藝德文望匾額黃贈以深明經術疊予嘉獎

吳先飛字及羽邑庠生上管人秉性渾厚喜施與不趨勢利足跡從未履公庭淳風古處一鄉稱善

吳元榮上管人溫恭淑序持躬謹慎孝養雙親怡顏悅色誼篤婣睦推信立誠鄉里奉爲表式

吳起元后田人性慷慨處事勤謹持己待人懇誠謙恭

凡有義舉罔不樂為他如倡修榅坳嶺鑿石七百餘丈經理城隍廟不辭勞瘁城鄉善之

張明裕黄沙人忠信待人義方訓子且助貧嬰堂社穀捐修橋路鄉亭無不樂成邑令樂以圭璋品望獎之

劉璩字湜庭五都人郡庠生賦性渾淳處事公平且情殷義舉倡修橋亭道路無不贊襄相助學師沈以儒林模範贈之

隱逸

管幼安浮海入遼陳希夷高卧華山皆遯世無

悶者也慶邑隱逸之蒜多見前志僅載一人今搜遺編又得二人彡彼屣視軒冕銖視金玉無愧古人終南之譏北山之嘲吾知免矣

宋

眞山民不傳名字亦不知何許人也但自呼山民戲居慶之松源鄉或云名桂芳宋末進士李生喬嘆以爲不愧乃祖文忠西山以是知其姓眞矣竊値亂亡深自湮沒世無得而稱焉惟所至好題咏因流傳人間然皆探幽賞勝之作未嘗有江湖酬應語張伯子謂

宋末一陶元亮非過論也

元

姚榮字君衛號雲樵竹溪人幼敏睿長通經術詞賦尚書陳塏器之妻以女恩授承嘉簿不就賓興於京會貫薄擢率太學生伏闕極論不報遂退歸鄉里元史宣慰來慶元請見說以仁則得衆勿放火縱兵史從之衆賴以安史奏授慶元簿慨然曰本爲桑梓出願博官乎辭不受歸訂諸子作論孟直筆及范翰林奉旨訪求賢士榮爲舉首以母老力辭續有薦者俱不

起扁所居曰心易尤精地理稱之者曰爵祿不能縻貧賤不能戚有雲外樵歌若干卷藏於家及卒臨江傅汝礪挽之以詩曰處士樵歌遠空山草木寒田生晚傳易陶令早辭官白日閑琪樹青天見玉棺看君眞不死交采映芝蘭其風概可想見也後徙居龍泉

明

葉瑗字仲美少穎悟博綜經史年十三即蜚聲邑庠逾年領餼正統辛酉試棘闈以制額限遂棄舉子業日與其徒談道遂遊山水築室薰山下琴書自樂不談

壯學年七十以壽終著有[illegible]二卷

僊寓

某山某水某邱某壑靈人韻客爽自紛籍寓宦焉者所在多有遊覽古今惟視其人之可傳而傳之非是則無傳矣

宋

王伋字肇卿一字孔彰原汴人其祖訥因議王朴金雞歷有差眾排之貶居江西贛州伋以鄉舉不第遂精管輅地理之學棄家浪遊嘗見松源山水秀麗遂家焉

祥符四年楚母舅葬[illegible]其下記曰魏溪坑口望薰闕黃蛇捕鼠是真龍但看六寸安正穴四柱擎天將相峯若問子孫官職位寅申巳亥產英雄大觀四年劉知新狀元及第乃其驗也俄爲人卜兆獲吉者甚多故人以地仙稱之卒後門人葉叔亮傳其所著心經篇問答語錄范公純仁跋之曰先生通經博物無媿古人異乎太史公所謂陰陽之家者矣

明

周顯字仲昭山西澤州高平人永樂十八年由太學授

慶元縣丞歷九載清勤慈惠卒於官父老咸感泣曰
願爲百世父母遂葬於竹溪之源其子公樂因家焉
阮廷貴四川永州人正統間由太學授慶元縣丞歷任
數載多惠政士民感之遂家焉
王功字武功仁和庠生清峻端雅通易書詩三經剖晰
精微崇正間避亂至慶設帳講學名士多出其門其
子樞遂家焉

方技

垂弓和矢一技成名皆足千古邑中方技亦自

有人若概以小道棄之則周禮考工可以廢矣

宋

嚴道者王伋門人得伋秘授精於地理他日嘗爲人點穴拔竹插地比伋至抉土數寸正插銅錢眼中蓋伋預埋以試之也術亦神矣

國朝

陳于公洋里人少業儒過河墮水聞鬼呼曰良醫也遂扶以出後習醫凡生死壽夭一經切脈言無不驗有一產婦將分娩而氣絶公診之曰尚可生也命取黄

土一塊攤臍上用銅盤盛水置耳邊細篾敲盤不數刻而生人問其故公曰此婦下焦熱甚兒不敢下直上心頭抱母肝肺是以氣絶吾用黄土以清其火復以金水應之心清魂定兒下而母生矣康熙五十六年邑宰王開泰以翰林左遷頗知醫道誤自下藥病轉劇召公切脈公曰無能爲也夫人聞知脫簪珥以求治公郄之曰病無生理何用此爲夫人曰然則如何公曰尚有七日可速料理諸務王聞之嘆曰眞良醫也雖京師醫院無此人也如期果終所著有傷寒

辯論等書惜未刊行

葉失名竹溪人傭燎爲善談五行有一士人叩之曰家有孕婦弄璋耶弄瓦耶答曰也弄璋也弄瓦士人不解其故後孿生一男一女

吳之球上官人惠來知縣吳希點之孫也七歲能書擘毫落紙雲烟飛動至今如龍來鳳二橋匾額孫夫人廟聯對皆球手筆時稱爲字神童惜壽不永

姚袛讓郡廩生後田人耿介自持多積書以自娛其字法得顏之筋而隸草尤爲精妙一時學者宗之

吳家謙邑增生上營人稟性豪邁工八法得屋漏痕折

釵股遺意

姚平後田人自號蘭亭居士專工蠅頭小楷書有魏晉人

風格子琴貢生亦善書

補遺善良

蔡克元竹口人邑庠生秉性公正植品端方凡遇公事

毫不涉私其弟克奎亦多行善舉而且情篤友愛視

侄猶子人無閒言鄉里重之

吳望烈邑耆賓大濟人秉性渾厚好善樂施莫主贈以

品重鄉評匾額其子國學生塽克承父志樂善不倦凡遇歲歉無不解囊濟糶且捐社谷修路一切義舉不靳樂成邑侯賫以誼重枌榆褒之又道光壬辰因念士子鄉試道艱費微捐捨田租入儲毓二莊以佐賓興之需士林咸重焉教諭沈有記見學校

棐維順齋郎人爲人誠實好義建造橋亭修築道路費銀二千餘兩且能排難解紛親族敬仰其子國學棐宗選善繼父志亦慷慨好施邑令吳以一鄉善士表之

補刻篤行

吳其瑛字月山國學生賦性豪爽尚義疎財而又篤于孝友毋年老邁獨慕益切晨昏定省始終不倦毋有不安則扼腕撫膺欲以身代事兄盡恭撫孤姪克盡慈愛而教子獨嚴其子由案首入泮者三人總無譽子之癖

吳東垣字楚厚后田人國學生正直耿介急公好義督建馬侍郎廟不辭勞瘁蹤遍趙公水圳及登雲橋與宗祠諸事勞心勞力至公無私年六十而卒鄉里惜

之

吳建盛西隅人醇樸尚義修砌角門嶺及棘蘭隘路各數百餘丈捨租入祠薦祖立業爲兄立嗣凡橋亭義舉無不捐輸鄉里稱焉

貢生季天魁西隅人性靈敏嗜讀書早年入泮屢試冠軍頻膺鶚薦且留心古文至老不倦爲人耿介饒有古風其子孫聖功等俱蜚聲黌序克光前緻

范攡大岩人公亶好善修築橋路無不樂爲其子邦仰
邑耆賓能體父志捐助社穀嬰堂樂善好施邑侯樂
黃俱有匾獎孫耀文等已多入庠